COLLECTION
ROLF HEYNE

Rezepte aus der Provence

Michel Biehn

Rezepte aus der Provence

170 Spezialitäten aus der Küche der Kräuter und Düfte

Fotografiert
von Bernard Touillon

Wilhelm Heyne Verlag
München

Für Paul und Jeanne

Titel der französischen Originalausgabe:
Le Cahier de Recettes Provençales
Ins Deutsche übertragen von Hella Noack

Umschlaggestaltung: Christian Diener
Innenlayout: Marc Walter
Redaktion der Originalausgabe: Ghislaine Bavoillot
Redaktion der deutschen Ausgabe: Hannelore Ganslandt
Satz: Kort Satz GmbH, München
Repro: Colourscan France
Druck und Bindung: Mohndruck, Gütersloh
Printed in Germany

ISBN 3-453-08703-8

Inhalt

Eine Küche »der Einfachheit«

Ein Feinschmecker war ich schon immer, genau wie mein Vater. Als meine Eltern 1947 in Arles heirateten, schenkte ihnen meine Großmutter Athalie Pascal zwei Schulhefte, in die sie mit Feder und Tinte all die guten Koch- und Backrezepte eingetragen hatte, die sie von ihrer Mutter erlernt hatte. Ebensolche Hefte hatte sie ein paar Jahre zuvor auch für meinen Onkel Victor und meine Tante Elisabeth zur Hochzeit geschrieben. Diese Hefte habe ich jetzt vor mir liegen. Und eine gute Anzahl der Rezepte in diesem Buch, die Art, wie sie zubereitet werden, hier »eine kleine Karotte«, da »ein Zweiglein Thymian«, gehen auf die unvergleichlichen Kochkünste meiner so schönen und so großherzigen Großmutter Athalie zurück, die in Sault großgeworden war.

Meine Mutter war ihre gelehrige Schülerin. Sehr schnell eignete sie sich die Rezepte aus diesen Heften an und verwöhnte ihren Mann, ihren Sohn und ihre Freunde mit einer Küche, die zugleich einfach und raffiniert war. Zwar hatte sie ihre Wurzeln in der provenzalischen Tradition, doch da mein Vater Elsässer war, wurde auch mit Butter und Sahne nicht gegeizt. Oft hielt ich mich bei meiner Mutter in der Küche auf. Ich fand das herrlich, und ich liebte es, ihr bei der Arbeit zuzuschauen. Manchmal durfte ich ihr auch helfen.

Das Rezeptheft von Athalie Pascal

Wie selig war ich, wenn ich am Tag vor Weihnachten für die »bûche«, den traditionellen »Baumstamm« aus Biskuit, die Mandeln vorbereiten durfte! Dieser Aufgabe widmete ich mich mit andächtiger Hingabe. Zuerst mußten die Schalen aufgeknackt werden, dann wurden die Mandelkerne einige Minuten in einem Topf mit kochendem Wasser blanchiert. Dann ließ ich sie aus der braunen Haut herausschnellen, rieb sie in einem Tuch trocken, verteilte sie schön in einem Pfännchen mit Messinggriffen und schob sie in den heißen Ofen. Sie sollten goldgelb werden, durften aber keinesfalls verbrennen, denn dann hätten sie abscheulich geschmeckt. Noch heiß legte ich sie zwischen zwei Blätter Packpapier, bewaffnete mich mit dem Nudelholz und zermalmte sie mit aller Kraft zu Bröseln. Wie liebe ich noch heute den köstlichen Duft, der sich in diesem Augenblick entfaltet!

Auch ich habe ein Heft mit meinen Rezepten gefüllt, ein dickes weißes Buch vom Flohmarkt, das mit einem gestickten altmodischen Einband und einer blau-gelben Seidenschnur zusammengehalten wird. In dieses Heft notiere ich seit zwanzig Jahren von Zeit zu Zeit die kulinarischen Entdeckungen meiner Freunde – wundervolle Erinnerungen an all die schönen Mahlzeiten, die ich mit Menschen geteilt habe, die ich liebe. Wie haben sie zu meiner Schlemmerlust beigetragen – wie haben sie meine Kochkunst bereichert!

Wenn die Frauen in Arles früher ihr Alltagsgewand trugen, sagte man, sie trügen ihr »Kleid der Einfachheit«, im Gegensatz zum Festtagsgewand, das sie am Sonntag trugen. Im übertragenen Sinn kann man von der provenzalischen Küche sagen, daß sie eine »Küche der Einfachheit« ist. Wenn man in der Provence aufwendig kocht, mit Blätterteig, Saucen und Mousse, ist das nicht wirklich provenzalisch, sondern eher die bürgerliche Küche »comme à Paris«. Die provenzalische Küche verdankt ihren Reichtum und ihren unvergleichlichen Geschmack den einzigartigen Produkten dieses Landes und seiner angrenzenden Küsten: der Herzmuschel und der Anchovis, der Karde und der Artischocke, dem Knoblauch, der Olive, der Mandel und der Trüffel. Gekocht wird auf ganz einfache Art: auf dem Feuer, im Backofen oder im Kessel. Zuweilen auch im Schmortopf, wenn die »Daube« gekocht wird, oder die »Barigoule«. Und als Sauce begnügt man sich mit dem Tomaten-Coulis, der Rouille, dem Aïoli – meist reicht sogar ein Schuß Olivenöl. Als Dessert dann etwas Brousse mit Konfitüre und etwas Obst, denn die Provence hat nun mal das schönste Obst der Welt. Die provenzalische Küche geht immer mit der Jahreszeit. Sie bedient sich aller Gemüse, die es zur jeweiligen Saison auf dem Markt gibt: Zucchini sind am besten im Sommer, Spargel ist am besten an Ostern. Konserven haben in der Küche nichts verloren, außer Tomaten, denn wer im Dezember eine Tomatensauce machen will, ist mit einem selbstgemachten Tomaten-Coulis besser bedient als mit diesen bleichen, faden Treibhaustomaten, die beim Gemüsehändler ein Vermögen kosten.

Was vor allem die Einzigartigkeit und das Raffinement dieser Küche ausmacht, ist die Art und Weise, fast möchte ich sagen, die Kunst, wie die Provenzalen den Geschmack ihrer Gemüse, Kräuter und Gewürze aufeinander abstimmen und untereinander kombinieren. So wird der Lauch, falls er nicht Hauptgericht ist, häufig in kleinster Menge zum Aromatisieren eines Fischgerichts verwendet. Ähnlich Karotten oder Oliven bei Schmortopfrezepten. Auch die Anchovis spielt eine wichtige Rolle bei zahlreichen Gerichten, sie verfeinert den Geschmack sowohl der österlichen Lammkeule als auch des weihnachtlichen Gemüsegratins mit Karden.

Man sollte im übrigen nie diesem irrigen Glauben an die Allmacht der sogenannten »Herbes de Provence« erliegen: Provenzalisch kochen heißt keineswegs, einen tiefen Griff in den großen Sack mit der Mischung aus Thymian, Rosmarin, Lorbeer und Lavendel tun und grundsätzlich eine Handvoll dieser Kräuter über Gegrilltes und Gebra-

Blühender Thymian

tenes, Saucen und Ragouts streuen. Das ist völliger Unsinn. Wohingegen ein kleiner Zweig Thymian, ein einziges Lorbeerblatt oder eine getrocknete Orangenschale, eventuell auch alle drei zusammen, einer Daube oder einem Tomaten-Coulis genau das richtige Aroma verleihen werden.

Noch eine weitere Zutat verdient eigens erwähnt zu werden: der geriebene Käse. In unserer Gegend spricht man einfach vom »Râpé«. Er wird zu allen Suppen gereicht, und er krönt, mit oder ohne Semmelbrösel, die meisten Gratins. Früher verwendete man dazu einen holländischen Käse, er hieß nur der »Rote«. Als der Gruyère aufkam, wurde der Holländer völlig verdrängt. Gelegentlich bedaure ich das, ich meine, man sollte wieder zur alten Gewohnheit zurückkehren und den »Rouge« etwa zur »Soupe au Pistou«, der Gemüsesuppe mit Basilikum, verwenden.

Und weil wir eben vom Käse sprachen, noch ein Wort zum Brot. Überall in der Provence gibt es vorzügliches Brot, unsere Bäcker sind wahre Künstler. Sie backen die unterschiedlichsten Sorten und Formen und haben sie mit typischen Namen getauft, wie Epi (Ähre), Fendu (Geschlitztes), Couronne (Kranz) und Fougasse, Pain d'Aix oder Petit Beaucaire.

Ganz zu schweigen von den köstlichen Weinen der Provence! Die Rosé-Weine aus Palette und Bandol, vom Ventoux und dem Luberon, die im Sommer gekühlt getrunken werden, die großartigen Rotweine aus Gigondas oder Aix-en-Provence und natürlich die Weißen aus Cassis oder Châteauneuf-du-Pape, nicht zu vergessen der Muscat aus Beaume-de-Venise … Immer wenn mir einer dieser Weine zu einem der Rezepte dieses Buches besonders ideal scheint, mache ich Sie darauf aufmerksam.

Ich liebe dieses Land und seine Bräuche über alles, das haben Sie sicher längst bemerkt, und ich möchte diese Vorliebe gern mit Ihnen teilen. Aber wie gesagt, mein Vater war Elsässer und Feinschmecker, und durch seinen Einfluß wurden einige unserer streng traditionellen Familienrezepte etwas verfremdet. Wundern Sie sich also nicht, wenn meine Backrezepte Ihnen, entgegen der gewohnten provenzalischen Einfachheit, etwas »üppig« vorkommen. Abgesehen von diesen wenigen Seitensprüngen und den gelegentlichen Abschweifungen ins Exotische, die ich von meinen lieben Freunden übernommen habe, versuche ich stets, ein treuer Diener der schönen provenzalischen Tradition zu sein. Dieses Buch will keineswegs eine erschöpfende Studie kulinarischer Sitten und Gebräuche der provenzalischen Küche sein. Auch wollte ich kein praktisches Handbuch schreiben. Ich habe daher, obwohl ich alle Rezepte im Buch genau erkläre, damit Sie sie leicht nachkochen können, darauf verzichtet, jedem Rezept eine Zutatenliste voranzustellen, ich wollte sie auch nicht nach Themen ordnen.

Dieses Buch ist vor allem ein Treffen mit Freunden. Ich möchte Sie zu einer Schlem-

Der »Râpé«

Le. 16. Mai
Le. 21. Juin

merrunde einladen, in ein Haus, wie es nur in meiner Phantasie existiert: Es hat eine Terrasse zum Meer, einen Garten am Ufer der Sorgue, einen großen gelben Salon und einen kleinen roten Salon, eine Wendeltreppe, die zu einem Dachboden führt, eine Schloßküche und einen Kräutergarten, ein Fenster, das sich zur Camargue hin öffnet, und ein anderes mit Blick auf den Mont Ventoux.

Meine Freunde, die mir ihre Häuser großzügig öffneten, haben es mir ermöglicht, diesen Traum wahr werden zu lassen. Wir werden uns nach Lumières begeben, in das Château de l'Ange, wo uns Michel und Edith Mézard zu einem Diner zu zweit und zu einem Gartenfest eingeladen haben. Ein Nachmittagstee wird in der wunderschönen Schloßküche des Château d'Ansouis bei Géraud und Stéphanette de Sabran-Pontevès zelebriert. Weihnachten werden wir bei Jean und Hélène Feraud in Vinsobres feiern. Lilian Williams lädt uns ein, in ihrem bezaubernden Landhaus bei Aix mit den chinesischen Mandarinen des großen Salons zu speisen, und Jacques Grange bittet uns in seinen herrlichen Garten mit Blick auf die Alpilles. Außerdem sind wir auf der Farm »Les Marquises« im Herzen der Camargue bei Henri, Annie und Patrick Laurent zu Besuch und werden mit den Viehhirten zu Mittag essen. Einen Tag verbringen wir in einer kleinen Bucht im Strandhäuschen von Denis Savon. Abends schließlich versammeln wir uns fröhlich auf der Veranda des Landhauses von Bruno Carles in Lunel, und Gérard Drouillet kocht für uns in seinem Atelier in Eygalières eine Bouillabaisse. Für jeden dieser magischen Orte habe ich eine bestimmte Saison gewählt und habe die Rezepte aus Athalies Kochbuch so zusammengestellt, daß sie dem Rhythmus der Jahreszeiten folgen.

Der »rote« Holländer

Dieses Buch zeigt aus meiner persönlichen Sicht, wie die Provenzalen auf ihre unverwechselbare Art Feste feiern und Gastfreundschaft pflegen. Sie verstehen es einzurichten, daß jeder Augenblick des Lebens harmonisch und beglückend, genießerisch und unbeschwert ist.

Mannigfaltige Brotsorten: Epi, Fendu, Fougasse, Pain d'Aix und Petit Beaucaire

Das Kürbismahl

In der Provence ist es Herbst geworden. Etwas traurig kehren die Touristen in ihre Städte zurück, unsere Dorfplätze sind nicht mehr häßlich zugeparkt und haben ihre Ruhe und Heiterkeit wiedergefunden. Noch ist der Sommer nicht zu Ende, die Luft ist wunderbar weich und sanft, und das Licht der tieferstehenden Sonne ist schöner denn je. Doch die Tage werden kürzer, und die Blätter fallen von den Bäumen. Der Garten schmückt sich mit dem Gelb der Lindenblätter und dem Rot der Kaki-Früchte. Morgens, wenn der Nebel sich auflöst, werden die letzten Tomaten geerntet, jene, die grün bleiben und aus denen man Konfitüre macht. In den Pinien schweigen die Grillen bis zum nächsten Frühjahr, während ihre Ebenbilder aus Keramik, die an der Küchenwand hängen, sich schon am Duft des Kürbis zu erfreuen scheinen. Gleich wird sich dieser in eine wunderschöne Suppenschüssel verwandeln, gefüllt mit einer dicken, wohlschmeckenden Suppe. Sie freuen sich auch über den kugelrunden grünen Kohlkopf, der als Überraschung eine besonders delikate Füllung bekommt. Im Ofen braten die mit Senf bestrichenen Kaninchenteile, schmurgeln die goldüberkrusteten Gratins, blähen sich die Kartoffeln goldgelb auf. Auf Kuchenblechen trocknen die kandierten Orangen- und Zitronenschalen und die Bleche voll Quittenpaste, und auf der Marmorplatte werden allmählich die weichen Schokolade-Karamellen fest, bevor sie in Silberpapier eingewickelt werden. So sieht der Herbst in unserer Küche in Isle-sur-la-Sorgue aus. Seien Sie willkommen!

Die Küche, dekoriert mit Keramikgrillen (folgende Doppelseite)

Kürbissuppe

La soupe de courge et de pain cuit

Kürbissuppe mit geröstetem Brot

Der Kürbis aus unserer Gegend nennt sich »courge musquée« oder »muscade«. Seine Schale ist hellbraun, viel heller als die des Riesenkürbis. Sein Fruchtfleisch ist leuchtend orange und schmeckt leicht süß und aromatisch. Unter den Kürbissen ist er eher einer von der kleinen Sorte, längst nicht so groß wie sein stattlicher Vetter, der Gartenkürbis, der sich im Märchen in Cinderellas Kutsche verwandelt. Man erntet die Kürbisse im Herbst, und sie halten sich, wenn sie keine Stoßstellen bekommen, wie Äpfel den ganzen Winter über.

Ich stelle Ihnen hier nun eine köstliche Suppe vor, bei der der Kürbis sämtliche Rollen übernimmt: Er ist zugleich Suppenschüssel und Suppe, Auflaufform und Speise, Flasche und Rausch. Lachen Sie nicht, warten Sie ab, bis Sie probiert haben!

In der Küche: Wählen Sie mit Bedacht einen schönen Kürbis aus, drei bis vier Kilo schwer, nicht schwerer. Er sollte weder Flecken noch angeschlagene Stellen haben. Schneiden Sie einen Deckel von ihm ab, groß genug, daß eine Suppenkelle mühelos durch die Öffnung paßt. Schaben Sie mit dem Löffel das faserige Gewebe und die Kerne aus. Nun füllen Sie die Höhlung mit kleinen trockenen Brotwürfeln, geriebenem Käse, Salz und Pfeffer, sowie ein bis zwei gehackten Knoblauchzehen. Gießen Sie soviel flüssige Sahne darüber, bis das Brot bedeckt ist, jedoch keinesfalls höher als bis zwei Zentimeter unter den Rand. Setzen Sie den Deckel auf und packen Sie den ganzen Kürbis in Alufolie ein. Garen Sie ihn zwei Stunden im Ofen bei mittlerer Hitze.

Den Kürbis wieder aus dem Ofen zu befördern ist etwas heikel, weil die Schale weich geworden ist; man muß aufpassen, daß sie nicht aufplatzt. Entfernen Sie die Folie, und lassen Sie die Kürbisflüssigkeit etwas abtropfen. Setzen Sie ihn auf eine tiefe Platte, und heben Sie den Deckel ab. Mit einem Holzlöffel lösen Sie vorsichtig, ohne den Rand zu beschädigen, das Fruchtfleisch ab und mischen es mit Sahne und weichem Brot. Bringen Sie diese sämige, köstliche Suppe mitsamt der Suppenkelle auf den Tisch.

La courge farcie

Gefüllter Kürbis

Für dieses Rezept benötigen Sie einen kleinen Kürbis von etwa 20 cm Durchmesser. Schneiden Sie eine Kappe ab, entfernen Sie das faserige Gewebe und die Kerne. Lösen Sie mit dem Löffel das Fruchtfleisch heraus. Sie brauchen nur die Hälfte davon, den Rest können Sie für eine Gemüsesuppe aufheben. Hacken Sie das Fruchtfleisch, zwei Knoblauchzehen und eine Handvoll Petersilie und dünsten Sie alles mit Salz, Pfeffer und einer Messerspitze Zucker in Olivenöl an. Außerdem brauchen Sie 500 g gekochte, feingehackte Fleischreste (Rind, Schwein, auch Lamm paßt). Fügen etwas in Milch eingeweichtes, ausgedrücktes Weißbrot hinzu. Das alles wird mit dem Kürbisfleisch gut vermischt und mit zwei geschlagenen Eiern, einem Eßlöffel Crème fraîche und 100 g geriebenem Käse gebunden. Füllen Sie den Kürbis mit dieser Farce bis zwei Zentimeter unter den Rand – nicht höher, denn die Farce geht während des Backens auf. Setzen Sie die Kappe auf und packen Sie den Kürbis in Alufolie.

Lassen Sie ihn nun knapp zwei Stunden bei mittlerer Temperatur im Ofen. Wundern Sie sich nicht, daß dieser kleine Kürbis fast genau soviel Garzeit beansprucht wie der große Suppenkürbis, die Füllung braucht so lange. Sobald Sie den Kürbis aus dem Ofen nehmen, entfernen Sie die Folie. Lassen Sie ihm etwas Zeit, damit er sich setzt, und tragen Sie ihn auf einer tiefen Platte auf.

Wein: Côteaux de Pierrevert (rot)

Le tian de courge et d'épinards

Kürbisgratin mit Spinat

Der provenzalische Tian ist eine glasierte irdene Auflaufform, in der man die Gratins im Backherd zubereitet. Ich sage bewußt Backherd, denn heute steht so einer in jedem Haus. Früher brachte man seinen Tian zum Bäcker oder stellte ihn, wenn man zu weit entfernt vom Dorf wohnte, einfach in seinen Kohlenherd unter ein dick mit Glut beschichtetes Ofenblech. Eigentlich ist Tian also der Name der Auflaufform, erst mit der Zeit ist es – ähnlich wie die Terrine oder die Marmite – die Bezeichnung für deren Inhalt geworden. Auf gut Französisch ist es natürlich schlicht ein »gratin«. Es gibt Tians in allen Variationen, aus Gemüsen, Fischen, Früchten, sogar aus Milch. Er ist einfach die klassische Zubereitungsart in der provenzalischen Küche.

Beginnen wir mit einem Tian aus Kürbis und Spinat. Farbe und Geschmack dieser beiden Gemüsesorten ergänzen sich ideal, dieses Gratin schmeckt wirklich hinreißend.

In der Küche: Sie benötigen 800 g sorgfältig gewaschenen Spinat. Entfernen Sie Blattstiele und dickere Rippen und blanchieren Sie ihn drei Minuten in Salzwasser. Gut abtropfen lassen und auf dem Boden einer gebutterten Tian-Form verteilen. Über den Spinat geben Sie zwei Eßlöffel Crème fraîche und etwas Pfeffer aus der Mühle. Daneben dünsten Sie ein Kilo in Würfel geschnittenen Kürbis mit Salz, Pfeffer und einer Messerspitze Zucker in wenig Olivenöl an. Nach etwa einer halben Stunde läßt er sich mit der Gabel zu Mus zerdrücken. Fügen Sie einen Eßlöffel Mehl und zwei Eigelb hinzu. Heben Sie vorsichtig zwei geschlagene Eiweiß unter und gießen Sie die Masse über den Spinat. Geriebenen Gruyère darüberstreuen, eine Viertelstunde im Ofen bräunen lassen und sofort servieren.

Le tian de courge et de riz

Kürbisgratin mit Reis

Sie schälen ein dickes, eineinhalb Kilo schweres Stück Kürbis und zerteilen es in Stücke. Die Kürbiswürfel werden in der zugedeckten Pfanne mit einem Eßlöffel Olivenöl, etwas Wasser, Salz, Pfeffer und Zucker gegart. Gelegentlich mit einem Holzlöffel umrühren. Inzwischen kochen Sie eine Tasse runden Camargue-Reis fünfzehn Minuten in Salzwasser, mischen den gut abgetropften Reis mit dem Kürbispüree und füllen die Masse in eine glasierte Tonform.

Mit geriebenem Gruyère und Semmelbröseln bestreut und mit etwas Olivenöl beträufelt in den Ofen schieben und eine gute Viertelstunde überbacken. Vor dem Servieren sollten Sie den Auflauf etwas abkühlen lassen.

Le gros chou farci ou les petits choux farcis

Großer gefüllter Kohlkopf oder kleine gefüllte Kohlköpfe

Wählen Sie dazu einen schönen runden Kohl oder Wirsing aus: Er sollte fest und geschlossen sein und ein gutes Kilo wiegen. Entfernen Sie die Außenblätter und waschen Sie den Kohl. Lösen Sie nun alle Blätter vom Strunk. Die Herzblätter legen Sie beiseite, die übrigen werden blanchiert. Danach auf einem Küchentuch ausbreiten.

Nun zur Füllung: Die Herzblätter werden mittelfein gehackt, desgleichen 200 g Kalbfleisch, 200 g Schweinenacken, 100 g Wurstfleisch, eine Zwiebel und drei Knoblauchzehen. Alles gut durchmischen und 100 g geriebenen Käse, zwei ganze Eier, eine Tasse Rundkornreis aus der Camargue, Salz und Pfeffer dazugeben. Der Reis muß natürlich ungekocht sein, denn er soll beim Garen die Flüssigkeit der Farce aufsaugen.

Und jetzt gibt es zweierlei Zubereitungsarten, die eine wie die andere führt zu einem köstlichen Ergebnis. Die ältere ergibt das Rezept des »Großen gefüllten Kohlkopfs«.

Man breitet auf dem Tisch ein großes viereckiges Küchentuch aus und bildet aus den größeren Blättern die äußere Umhüllung des Kohlkopfs nach. Darauf verteilen Sie abwechselnd eine Schicht Farce, eine Schicht Blätter, eine Schicht Farce … und füllen den Kohlkopf auf diese Weise nach und nach wieder. Wickeln Sie das Tuch um die Kugel und schnüren Sie es oben fest zu. Wählen Sie einen Kochtopf, in den der Kohlkopf gerade eben paßt, und betten Sie ihn auf zwei Karotten, eine Zwiebel, zwei Knoblauchzehen, Thymian, Lorbeer und etwas Salz. Mit kaltem Wasser auffüllen, zugedeckt aufs Feuer setzen. Sobald das Wasser siedet, die Temperatur herunterschalten und mindestens zwei Stunden leise köcheln lassen. Danach heben Sie den Kohl aus dem Topf, entfernen vorsichtig das Tuch und servieren den gefüllten Kohl mit etwas Bouillon.

Wein: Côtes du Ventoux (rot)

Die zweite Zubereitungsart ergibt kleine Kohlrouladen, die hierzulande so hübsch »paquetouns«, Paketchen, genannt werden. Zuerst bereiten Sie aus Karotten, Zwiebeln, Knoblauchzehen, Thymian, Lorbeer, Salz und Pfeffer eine Gemüsebrühe zu. Dann suchen Sie sich die zehn schönsten Kohlblätter aus und legen darauf die weniger schönen. Auf jedem Päckchen verteilen Sie eine Portion Farce und wickeln den Kohl zu Rouladen. Diese kommen in eine ofenfeste gebutterte Form, wobei jeder Kohlwickel mit einer dünnen Scheibe durchwachsenem Speck belegt wird. Die Form zu drei Vierteln mit der Brühe auffüllen und im Ofen bei mittlerer Hitze garen, wobei gelegentlich ein wenig Brühe nachgegossen werden sollte.

Le lapin de champ à la moutarde

Wildkaninchen in Senf

Wein: Gigondas (rot)

Sie brauchen dazu ein schönes bereits zerteiltes Kaninchen, so viele dünne Scheiben durchwachsenen Speck wie Fleischstücke, einen guten Dijon-Senf und viel, viel Thymian.

Zuerst marinieren Sie das Kaninchen für mehrere Stunden in einer Deckelterrine mit Thymian, Lorbeer, zwei gepreßten Knoblauchzehen und Rosmarin (aber bitte nicht zu viel Rosmarin, sein intensives Aroma überdeckt leicht die anderen Gewürze). Dazu kommt noch eine in Scheiben geschnittene Zwiebel. Nach dem Ende der Marinierzeit entfernen Sie die Kräuter sorgfältig, reiben die Fleischstücke mit Senf ein und wickeln jedes mit einem Thymianzweiglein in eine Speckscheibe.

Die Stücke werden in eine mit Öl bepinselte Gratinform gelegt, Semmelbrösel darüber gestreut, dann kommt die Form für eine halbe Stunde in den heißen Ofen.

Löschen Sie den Bratenfond mit Weißwein und einem TL Weinessig ab, und servieren Sie das Kaninchen sehr heiß mit gebackenen Kartoffeln und einem schönen Salat mit Knoblauch-Croûtons.

Le lapin à l'ail

Kaninchen in Knoblauch

Wein: Côtes du Luberon (rot)

Für dieses Rezept brauchen Sie einen glasierten Tontopf mit einem Deckel, der ein kleines Abzugsloch haben sollte. Zerteilen Sie ein schönes Kaninchen und bräunen Sie die Stücke im offenen Topf in Olivenöl. Sobald sie schön gebräunt sind, geben Sie etwa dreißig ungeschälte Knoblauchzehen, eine Handvoll Petersilie, den Saft einer großen Zitrone und Salz und Pfeffer zu. Verschließen Sie dann den Topf hermetisch, indem Sie zwischen Topfrand und Deckel einen aus Mehl und Wasser gekneteten Teigkranz legen. Lassen Sie das Fleisch zweieinhalb Stunden im Ofen bei mittlerer Hitze schmoren. Servieren Sie es heiß mit Speckkartoffeln und einem Salat.

Wildkaninchen in Senf

Les pommes de terre au four

Backkartoffeln

Bevor ich über Kartoffelrezepte rede, muß ich unbedingt etwas zur köstlichen Kartoffel aus der Gegend von Pertuis sagen. Sie ist hierzulande so berühmt wie die Melone aus Cavaillon, die Erdbeere aus Carpentras oder die Artischocke aus Villelaure und wächst auf den Sandböden der Ebene von Pertuis am Ufer der Durance. Jung eignet sie sich besonders zum Backen und Dünsten, später dann für Püree und Gratin.

In der Küche: Man schält und wäscht eineinhalb Kilo schöne Pertuis-Kartoffeln und tupft sie trocken. Anschließend werden sie in eigroße Stücke geschnitten, in eine ofenfeste Form gegeben, dazu ein halbes Glas Wasser, zerriebener Thymian und Salz. Das ist alles. Lassen Sie die Kartoffeln eindreiviertel Stunden bei mittlerer Hitze im Ofen backen. Sie müssen schön goldbraun sein.

Les pommes de terre au lard

Speckkartoffeln

Schälen, waschen und trocknen Sie mittelgroße Pertuis-Kartoffeln. Pro Person rechnen Sie zwei Kartoffeln. Sie halbieren sie, legen zwischen die Hälften eine dünne Scheibe Speck und binden sie anschließend mit Garn zusammen. Im geschlossenen Schmortopf in etwas neutralem Öl auf kleiner Flamme eine Stunde lang garen lassen. Normalerweise braucht wegen des Specks nicht weiter gesalzen zu werden.

Le gratin d'Oraison

Gratin Oraison

Oraison ist ein hübsches Dörfchen am Ufer der Durance zwischen Valensole und Forcalquier in der Haute-Provence. Früher machte man hier einen Gratin aus Kartoffeln, Zwiebeln und Speck, der als Abschluß eines langen Jagdtages in den Wäldern von Oraison genau das Richtige war. Damals trug man ihn zum Bäcker, der ihn nach seinen Broten in den Ofen schob. Aber auch in Ihrem Backofen wird er bei mittlerer Hitze bestimmt genauso gut geraten.

In der Küche: Kochen Sie zunächst eine Gemüsebrühe aus zwei Litern Wasser, zwei Lauchstangen, einer Zwiebel, einer Karotte, zwei Knoblauchzehen, Thymian, Lorbeer, Salz und Pfeffer. Sodann schmoren Sie in einer Pfanne zwei dicke, in Scheiben geschnittene Zwiebeln in einer Mischung aus Butter und Olivenöl an. Ein Kilo alte Pertuis-Kartoffeln schälen und in dünne Scheiben schneiden. In eine ausgebutterte Gratinform geben Sie abwechselnd eine Schicht Kartoffeln, eine dünne Schicht Zwiebeln, eine weitere Schicht Kartoffeln, eine Schicht Gruyère und so fort. Mit der Gemüsebrühe auffüllen und zum Gratinieren eine halbe Stunde in den heißen Ofen schieben.

Wein: Côtes de Provence (rot)

Inzwischen wenden Sie schöne Schweinekoteletts (pro Person eines) in einer Mischung aus Pfeffer, Salz und zerriebenen Salbeiblättern. Legen Sie das Fleisch auf den Gratin, und lassen Sie es bei reduzierter Backofen-Temperatur gut eine dreiviertel Stunde bräunen.

La pâte de coings de tata Lilette

Quittenkonfekt

Im Oktober sind die Quitten reif, und es wird Zeit, seinen Vorrat an Quittenkonfekt zu erneuern. In meiner Kindheit bestand unser Nachmittags-Imbiß während eines Gutteils des Jahres aus einem Stückchen Quittenkonfekt auf frischem Weißbrot. Aber ach, die Vorräte, für die Tante Lilette in so reichem Maße gesorgt hatte, waren leider immer viel zu schnell zu Ende. Einige Tage lang standen sämtliche tiefen Platten, Schüsseln und Auflaufformen, die im Haus aufzutreiben waren, überall in der Küche und in der Vorratskammer herum, randvoll mit dieser goldschimmernden duftenden Quittenpaste, die lange trocknen muß. Schließlich wurde das fertige Konfekt Stück für Stück in Silberpapier gewickelt und ganz oben im großen Vorratsschrank verstaut.

Unausweichlich aber kam dann im Februar der Tag, an dem ein Schokoladeriegel das Quittenkonfekt ersetzte. Und von da an mußte man bis zum nächsten Herbst warten.

IN DER KÜCHE: Zehn schöne Quitten (oder mehr) sorgfältig abreiben und waschen. Die Früchte in einem Kochtopf mit Wasser bedeckt etwa eine Stunde lang kochen, bis sie so weich sind, daß eine Messerspitze leicht eindringt. Erkalten lassen, schälen, in Stücke schneiden und im Passiergerät (feine Scheibe) pürieren. Das Fruchtmark abwiegen und die gleiche Menge Zucker hinzufügen. Dreißig Minuten kochen lassen, dabei ständig mit einem Holzlöffel umrühren, damit die Paste eindickt. Anschließend wird eine einen Zentimeter dicke Schicht auf die Platten gegossen. Mit einem Küchentuch abdecken, zehn Tage trocknen lassen und anschließend umwenden, damit auch die andere Seite trocknet. Die fertige Fruchtpaste wird in Alufolie eingewickelt, so bleibt sie lange haltbar. Vor dem Servieren in zwei Zentimeter große Würfel schneiden und in grobem Zucker wälzen.

LE GÂTEAU DE POIRES

Birnenkuchen

WEIN: Vin cuit aus Salen, Domaine des Bastides

In einer Teigschüssel mischen Sie 250 g Butter mit 250 g feinem Zucker und einem Päckchen Vanillezucker. Sie arbeiten nach und nach vier große Eier und einen Eßlöffel Birnenschnaps ein und fügen 500 g Mehl, ein Päckchen Backpulver und eine Prise Salz hinzu. Etwas Milch macht den Teig geschmeidiger, aber nicht zu viel, sonst ist er nicht fest genug, und die schweren Früchte sinken auf den Grund der Kuchenform. Den Teig in eine gut ausgebutterte Springform füllen. Sechs bis sieben schöne Birnen schälen und in Viertel schneiden. Die Birnen so auf dem Teig anordnen, daß er dicht bedeckt ist. Backen Sie den Kuchen bei mittlerer Temperatur etwa fünfzig Minuten. Wenn Sie wollen, können Sie den Kuchen auch mit Äpfeln, Kirschen, Brombeeren oder Mirabellen belegen. Die Obstschicht sollte etwa zwei Zentimeter hoch sein.

Auf der Anrichte: der Birnenkuchen

Les kakis au rhum

Kaki-Früchte in Rum

Dies ist eigentlich kein Kochrezept, aber für meinen Geschmack ist es die beste Art, die Kakipflaume, die Frucht des Götterbaums, zu essen. Lange glaubte ich, die schönen korallenroten Früchte, die plötzlich erscheinen, wenn im Herbst der Götterbaum seine Blätter abgeworfen hat, dienten vor allem als Wurfgeschosse bei Raufereien auf dem Schulweg. Ihr entsetzlich herber Geschmack hat uns damals abgeschreckt, sie zu essen. Noch wußten wir nicht, was ich inzwischen gelernt habe, daß sie den herben Geschmack nach dem ersten Frost verlieren. Deshalb darf man sie vorher nicht pflücken. Wer aber geduldig wartet, bis sie ganz weich und fast glasig geworden sind, für den werden sie, halbiert, reichlich mit Rum begossen und mit Zucker bestreut, zu einem vorzüglichen herbstlichen Dessert.

Plaqueminiers mit Kaki-Früchten

Les orangettes et les citronnettes

Kandierte Orangen- und Zitronenschalen

Traditionsgemäß verwendet man für dieses Rezept Orangen, man kann aber auch ebensogut Zitronen und Grapefruits nehmen. Allerdings empfehle ich Ihnen, diese Früchte getrennt zu kandieren.

Wählen Sie schöne, dünnschalige und ungespritzte Früchte aus. Sie werden gewaschen, halbiert und in einem Topf mit Wasser aufgesetzt. Das Wasser zum Sieden bringen und eine gute Stunde kochen lassen: Die Schalen müssen fast durchsichtig werden. Dann die Früchte gut abtropfen lassen, vorsichtig das Fruchtfleisch und die Kerne entfernen und die Schale in möglichst lange, fünf Millimeter dicke Streifen schneiden.

Hier muß ich eine technische Erklärung einschieben, damit Sie wissen, wie man Läuterzucker herstellt. Geben Sie ein Kilo Zucker in einen Topf, fügen Sie zwei Eßlöffel Traubenzucker und 2 dl Wasser hinzu. Indem man die Temperatur beim Auflösen des Zuckers allmählich steigert, verändert der Sirup fortlaufend seine Konsistenz: Aus dem filé, dem »kleinen Faden«, wird der soufflé, der boulé (kleiner Zuckerballen), der petit cassé und der grand cassé (kleiner und großer Bruch), schließlich der Karamel. Filé ist also das erste Stadium beim Sirupkochen. Es ist erreicht, wenn er unter sprudelndem Kochen so eindickt, daß ein Tropfen zwischen gespreiztem Daumen und Zeigefinger einen kleinen Zuckerfaden bildet. Einen solchen filé also bereiten Sie vor und legen die Fruchtschalen hinein. Sie lassen sie bei schwacher Hitze eine Stunde kandieren, holen sie mit dem Schaumlöffel heraus und lassen sie auf einem Gitter trocknen. Am nächsten Tag wälzen Sie sie in Puderzucker. In einem gut verschlossenen Glas können sie sehr lange aufbewahrt werden.

Les caramels russes de ma grand-mère

Die russischen Karamellen meiner Großmutter

In meiner Erinnerung existiert eine ganz bestimmte Blechdose; sie ist ein wenig angerostet, eine jener Zuckerdosen, wie man sie früher im Küchenschrank stehen hatte, um Garnrollen und Knöpfe oder Aspirintabletten und Backpulver oder Geldmünzen und Zuckerstückchen darin aufzubewahren. Meine Dose war mit walzertanzenden Marquisen und Rosengirlanden geschmückt und enthielt wunderbarerweise immer die gleichen in Silberpapier eingewickelten weichen Würfelchen. Es waren die köstlichsten

Karamellen der Welt: Russische Karamellen. Warum gerade russisch? Ich weiß es bis heute nicht, doch meine Großmutter nannte sie so, und das verlieh ihnen ein geheimnisvolles exotisches Flair und erhöhte das Glück, sie essen zu dürfen.

In der Küche: In einem Topf mit dickem Boden bei schwacher Hitze zu gleichen Teilen Butter, Honig, dunkle Schokolade und Zucker schmelzen lassen. Das sollte ganz langsam geschehen, man muß gleichmäßig weiterrühren. Sobald die Mischung brodelt, läßt man sie mehrfach aufkochen, bis sie dickflüssig und cremig wirkt. Sie sollten bedenken: Je kürzer die Karamellen kochen, um so weicher werden sie, je länger sie kochen, um so härter sind sie. Bräunen Sie sie aber nicht zu schnell, sonst sind sie verdorben! Den Inhalt der Kasserolle auf ein gefettetes Backblech gießen (noch idealer ist eine Marmorplatte) und nach dem Erkalten kleine Würfel schneiden. Es ist gar nicht einfach, so perfekte Würfel zu schneiden, wie meine Großmutter das konnte – meine sehen immer enttäuschend unförmig aus. Trotzdem sind sie ein Traum!

Wickeln Sie jeden Würfel einzeln in ein kleines Stück Alufolie und bewahren Sie Ihren Schatz in einer Blechdose auf. Ich fürchte allerdings, er wird nicht lange unentdeckt bleiben …

La confiture de tomates vertes

Konfitüre aus grünen Tomaten

Sie waschen zwei Kilo grüne Tomaten, trocknen sie ab und schneiden sie in Stücke. Diese setzen Sie mit einer in dünne Scheiben geschnittenen, unbehandelten Zitrone und eineinhalb Kilo Zucker in einem großen Kupferkessel auf. Wenn die Masse zu brodeln anfängt, muß sie etwa eine halbe Stunde lang ständig mit dem Kochlöffel gerührt werden. Das müssen Sie drei Tage lang wiederholen. Die Konfitüre ist fertig, wenn ein Tropfen davon auf einem Teller sofort erstarrt. Sie können sie sofort, ohne sie abzukühlen, in Gläser füllen.

Diese Konfitüre eignet sich hervorragend für ein Dessert oder zum Nachmittags-Tee. Und sie paßt außerdem ausgezeichnet zu Frischkäse, wie etwa dem Brousse du Rove (Rezept S. 165).

Wein: Côtes du Rhone, Rasteau (rot)

Russische Karamellen

Der Liebeseintopf

Dieses Kapitel zwingt mich, etwas indiskret zu werden, indem ich Ihnen erzähle, wie ich vor etlichen Jahren diejenige verführte, die kurze Zeit später meine Frau werden sollte. Es war unser erstes Tête-à-tête, und ich hatte mir für sie einen Kohleintopf ausgedacht. Wir hatten November, die Tage waren kurz, und der Winter hatte sich in diesem Jahr schon frühzeitig angekündigt. Unser Festmahl konnte unmöglich in der Küche stattfinden, das war mir zu profan, wir brauchten einen besonderen Ort, etwas Originelles und Bezauberndes, ja etwas Überraschendes. Ich verfiel auf den kleinen runden Treppenabsatz im ersten Stock: ochsenblutfarbene Wände, Terrakottafliesen und ein Fries aus falschem grünen Marmor, der sich über die Wendeltreppe bis unters Dach fortsetzt … Dorthin trug ich einen runden kleinen Tisch, rund wie der kleine Raum, dazu zwei Stühle und ein graues Leinentischtuch, auf dem ich die Gedecke anordnete. Ich dekorierte die Szenerie mit attraktiven grünen Kohlköpfen, die ich in hübsche Tongefäße pflanzte. Und ich nahm ein blaßblaues Seidenband und schlang es liebevoll um mein Geschenk. Schließlich zündete ich auf dem Tisch die Kerzen an, stellte ein paar Flaschen Wein kalt … und begann, den Liebeseintopf vorzubereiten.

Kohleintopf, stilvoll serviert

La potée d'amour

Der Liebeseintopf

WEIN:
Côtes du Rhône Rasteau (rot)

Wie für jedes Zaubergebräu braucht man einen Zauberkessel, sei es ein gußeiserner Schmortopf oder ein tiefer, geheimnisvoller Suppentopf. Solch ein Gericht nur für zwei Personen zu kochen, ist – das gebe ich zu – etwas paradox. Aber der Eintopf kann ohne weiteres auch in eine Mahlzeit für ein Dutzend Leute verwandelt werden. Man braucht dazu nur einen geräumigeren Topf. Ich würde auch raten, dann noch ein Huhn zu spendieren, das eine Stunde separat vorgekocht sein muß, dazu einige Speckwürste. Fest steht, daß mein Rezept, so wie ich es Ihnen vorschlage, ein himmlisches und betörendes Liebesmahl ergibt.

In der Küche: Als erstes kommen in den Topf einige Speckschwarten. Darüber schichten Sie, geschält und unzerhackt, alle Gemüsesorten, bis auf die Kartoffeln, die kommen erst später dazu: einen festen runden Kohlkopf, der zuvor in siedendem Wasser blanchiert wurde, zwei Karotten, zwei weiße Rüben und zwei ganze sowie eine mit drei Nelken gespickte Zwiebeln. Auf das Gemüse wird das Fleisch verteilt: eine kleine Schweinshaxe, ein Stück durchwachsener Speck, ein Stück geräucherte Rinderbrust und zwei Knoblauchwürste, die einige Male mit der Gabel eingestochen werden. Zuoberst legen Sie einen besonders schönen Renette-Apfel. Würzen Sie mit Sternanis, einem Lorbeerblatt, Pfeffer aus der Mühle und wenig Salz (wegen des gesalzenen Fleisches). Gießen Sie zwei große Gläser eines guten trockenen Weißweins darüber, und füllen Sie den Topf mit Wasser auf, so daß alle Zutaten mit Flüssigkeit bedeckt sind. Den Topf verschließen und alles gut zwei Stunden schmoren lassen. Eine Stunde vor Ende der Garzeit kommen zwei Kartoffeln und ein kleines gekochtes Eisbein hinzu. Schön dampfend ohne Brühe auf den Tisch bringen, dazu Cornichons und verschiedene Sorten Senf.

LE POT-AU-FEU

Pot-au-feu

Im Gegensatz zur Potée d'amour ist der Pot-au-feu wirklich kein Gericht für zwei, vielmehr eine Mahlzeit für viele Gäste – ideal, wenn eine Menge Freunde um einen großen Tisch sitzen. Dieses in allen Küchen der Welt bekannte Gericht ist selbstverständlich auch in der Provence zu Hause, wo es traditionell dreierlei Fleischsorten enthält: Rind, Lamm und Schwein.

IN DER KÜCHE: Bestellen Sie beim Metzger ein Kilo Ochsenfleisch (flache Rippe und Nuß), einige Stücke aus der Keule, eine Lammschulter und pro Person ein Kochwürstchen. Und keinesfalls die Markknochen vergessen. Wenn die Tischrunde groß ist und der Pot-au-feu besonders deftig sein soll, nehme ich noch eine Kalbshaxe und, wie bei der Potée, noch zusätzlich ein Huhn. Das ganze Fleisch, bis auf die Würstchen und die Markknochen, wird in einem großen Schmortopf mit kaltem Wasser ohne Salz aufgesetzt. Nur langsam erhitzen, dabei immer wieder abschäumen, anschließend die Temperatur verringern, bis es leicht sprudelnd weiterkocht. Nun eine dicke Zwiebel mit Nelken hineingeben, außerdem einige ungeschälte Knoblauchzehen, ein üppiges Kräutersträußchen (Petersilie, Lorbeer, Thymian, Kerbel, Lauch und Sellerie), eine schöne getrocknete Melonenschale, grobes Salz und Pfefferkörner. Ich persönlich gebe auch noch ein oder zwei Stück Würfelzucker dazu. Das Ganze muß nun mindestens drei Stunden vor sich hinkochen. Sie können jetzt noch ein Bündel weiße Lauchstangen, Karotten, weiße Rüben, ein Stück Kürbis, die in ein Tuch eingepackten und verschnürten Markknochen (damit das Mark nicht in der Brühe verlorengeht) und schließlich noch die mit der Gabel angestochenen Kochwürstchen hinzugeben. Eine weitere Stunde kochen lassen. Anschließend die Brühe völlig entfetten, d. h. das an der Oberfläche schwimmende Fett mit einem großen flachen Löffel abschöpfen, während die Suppe noch schwach zittert. Servieren Sie die Bouillon getrennt in Suppenschalen. Scheint Ihnen die Brühe zu blaß, können Sie im letzten Moment in der Suppenterrine noch einen oder zwei Eßlöffel Karamel (Rezept S. 41) auflösen. Richten Sie Fleisch und Gemüse auf einer großen Platte an und reichen Sie es mit Pellkartoffeln, Cornichons, grobem Salz und verschiedenen Senfsorten sowie mit roter und grüner Sauce.

WEIN: Côtes du Rhône Villages (rot)

LA SAUCE ROUGE ET LA SAUCE VERTE

Rote und grüne Sauce

Die rote Sauce ist nichts anderes als ein schwach mit Paprika gewürztes Tomaten-Coulis (Rezept S. 159).

Die grüne Sauce ist ein Rezept meines Freundes Bruno. Er hackt eine reichliche Menge glatter Petersilie mit einer Knoblauchzehe fein, gibt diese Mischung in ein Pfännchen und schmort sie auf kleinem Feuer mit je einem EL Butter und Olivenöl an. Nach einer Weile fügt er einen EL Semmelbrösel hinzu, läßt diese etwas anrösten und rührt dabei ständig um. Danach löscht er mit einem Schuß Essig ab und würzt mit etwas Salz und Zucker. Ist die Sauce gut abgekühlt, wird sie einfach mit Olivenöl verlängert und auf den Tisch gebracht.

LE RÔTI DE PORC À LA SAUGE DE CATHERINE

Schweinebraten mit Salbei

Ich sagte es schon, kurz nach unserer Hochzeit habe ich Catherine aus der Küche gescheucht. Sie ließ es ausgesprochen bereitwillig geschehen, und alle ihre Freundinnen scheinen sie darob sehr zu beneiden. Und dabei ist sie eine wunderbare Köchin. Ein Beweis ist ihr Schweinebraten mit Knoblauch und Salbei auf einem Bett von Kartoffeln auf Bäcker-Art. Kaufen Sie bei Ihrem Fleischer ein schönes Stück Schweinebraten mit dem Filet oder ein Rückenstück. Nehmen Sie ihn nicht zu klein, er schrumpft beim Braten. Und außerdem ist kalter Schweinebraten delikat.

Legen Sie den Braten in eine geräumige ofenfeste Bratform. Schälen Sie Knoblauchzehen (wenn zu groß, halbiert oder geviertelt), entfernen Sie die Keimlinge, machen Sie in das Fleisch kleine Einschnitte und schieben Sie den Knoblauch hinein, bis er nicht mehr zu sehen ist. Beträufeln Sie den Braten mit etwas Erdnußöl. Bedecken Sie ihn mit frischen Salbeiblättern, Thymianzweiglein und einigen Lorbeerblättern. Reichlich salzen und pfeffern. Mit Butterflöckchen bestreut in den Ofen schieben. Der Schweinebraten braucht bei sanfter Hitze ziemlich viel Garzeit: Für einen Braten von eineinhalb Kilo rechnet man zwei Stunden. Wenn Sie das Gefühl haben, daß er zu schnell bräunt, gießen Sie etwas Wasser zu und senken Sie die Temperatur, doch im Prinzip sollte dies, wenn die Temperatur niedrig genug ist, nicht nötig sein.

Eine Stunde vor Ende der Garzeit legen Sie rings um den Braten geschälte ganze oder halbierte Kartoffeln und schieben die Form erneut in den Ofen.

Drei- oder viermal während des Garens werden der Braten und die Kartoffeln gewendet, damit beides von allen Seiten goldbraun wird. Die Kartoffeln sind gut, wenn sie außen knusprig und goldbraun, innen aber weich und zartschmelzend sind.

WEIN: Côtes de Provence (rot)

Les petites salades

Kleine Salate

Zwischen einer deftigen Kohl-Potée oder einem Pot-au-feu und der himmlischen Saint-Honoré-Torte sollte man unbedingt noch den einen oder anderen kleinen Salat ins Auge fassen. Etwa einen köstlichen und erfrischenden Salat aus Zucchini, Karotten und Spinat. Wählen Sie dazu ganz junges, zartes Gemüse. Vom Spinat Stiele und dicke Blattrippen entfernen, waschen und gut abtropfen lassen. Karotten und Zucchini schälen und auf ihrer ganzen Länge mit einem Schälmesser in schmale Streifen schneiden. Mischen Sie die Gemüsestreifen unter den Spinat und würzen Sie mit einer einfachen Sauce aus Olivenöl, Salz, Pfeffer und Zitronensaft.

Sie könnten auch auf einem Feldsalat-Bett einen in Olivenöl eingelegten Banon-Käse (Ziegenkäse) anrichten, den Sie mit grob zerkleinerten Haselnüssen bestreuen.

Vielleicht aber geben Sie einem ganz schlichten, traditionellen grünen Salat den Vorzug (Rezept S. 96).

Le bocal de fromages de chèvre à l'huile

In Öl eingelegter Ziegenkäse

Wein:
Côtes du
Luberon
(weiß)

Sollte Sie der Weg einmal nach Banon führen, dann kaufen Sie dort unbedingt die berühmten kleinen Ziegenkäse. Wählen Sie die trockeneren Exemplare aus, sie lassen sich gut in Olivenöl konservieren. Sie nehmen ein großes Deckelglas, legen eine Schicht der kleinen Käse hinein und bedecken sie mit einer Lage Bohnenkraut, jenem Gewürz, das man hierzulande pèbre d'àse (Eselspfeffer) nennt. Das Bohnenkraut genügt, um das Öl und den Käse zu aromatisieren, zu viele Gewürze wären nicht gut. Dies ist schließlich keine Bouillabaisse! Füllen Sie das Glas mit mehreren solchen Schichten aus Käse und Bohnenkraut. Übergießen Sie den Käse bis obenhin mit Olivenöl, schließen Sie das Glas und warten Sie einen Monat, bevor Sie es wieder öffnen.

Le saint-honoré de ma cousine Jeanne

Saint-Honoré-Torte

Die Saint-Honoré-Torte ist etwas Wunderbares. Sie besteht aus kleinen mit Buttercreme gefüllten Windbeuteln, die mit Karamel aneinandergeklebt und mit Schlagsahne überzogen werden. Dieser Karamel, dem die Fleischbouillon ihre schöne Farbe verdankt, der den Cremes ihr köstliches Aroma verleiht und der als knuspriger Überzug zahlreiche Desserts ziert, ist zwar ganz einfach herzustellen, doch ob er gelingt, ist eine Frage des Geschicks. Man muß genau den richtigen Moment abpassen, bevor der Zucker anbrennt.

In der Küche: Man braucht einen Topf mit schwerem Boden, etwa zwanzig Stückchen Würfelzucker und knapp einen EL Wasser. Die Kasserolle mit dem Zucker und dem Wasser bei schwacher Hitze aufsetzen. Der Zucker wird schmelzen, beginnt zu schäumen – und nun dürfen Sie sich von nichts mehr ablenken lassen, behalten Sie die Kasserolle gut im Auge, es geht nämlich alles blitzschnell. Urplötzlich beginnt es in der Mitte zu brodeln, es bildet sich ein rostbrauner Punkt, der sich rauchend und immer dunkler werdend rasch ausbreitet.

Jetzt muß der Topf auf der Stelle vom Feuer genommen und hin und her geschwenkt werden, um die Farbe des karamelisierten Zuckers im ganzen Sirup zu verteilen. Auf diese Sekunde kommt es an, wartet man nur eine Idee länger, ist alles verbrannt! Paßt man aber den richtigen Zeitpunkt ab, hat der Zucker eine schöne mahagonibraune Farbe. Zu hell hätte er keinen Geschmack, zu dunkel wäre er bitter. Jetzt, solange er noch flüssig ist, muß er sofort weiterverarbeitet werden, denn sobald er abkühlt, erstarrt er. Sie können aber auch etwas Wasser hineinrühren, dann bleibt er geschmeidig und eignet sich ideal zum Aromatisieren einer Creme oder als Zuckercouleur für die Brühe. Für unsere Saint-Honoré-Torte wäre er aber in dieser Konsistenz ungeeignet.

Doch zurück zu unserem Rezept: Stellen Sie einen Mürbeteig aus 250 g Mehl, einer Prise Salz, 125 g Butter und einem Ei her. Kneten Sie alles unter Zugabe von 15–20 dl Wasser mit den Fingerspitzen zusammen. Zu einer Kugel formen und den Teig ein bis zwei Stunden ruhen lassen. Dann rollen Sie den Teig mit dem Nudelholz zu einer Teigplatte aus, die einen halben Zentimeter dick sein sollte. Auf ein gebuttertes Blech legen und bei mittlerer Hitze 20 Minuten backen.

Inzwischen werden die kleinen Windbeutel hergestellt. In einer Kasserolle erhitzen Sie einen halben Liter Wasser, 200 g Butter, 15 g Salz und 30 g feinen Zucker. Aufkochen und 400 g Mehl auf einmal hineinschütten. Von der Herdplatte nehmen und kräftig mit dem Holzlöffel rühren, bis sich der Teig leicht vom Topf löst. Nach dem Erkalten rühren Sie nach und nach 12 Eier unter. Setzen Sie mit dem Spritzbeutel kleine Häufchen auf ein eingefettetes Kuchenblech und denken Sie daran, daß sie beim Backen um das Dreifache aufgehen werden. Backen Sie sie eine knappe halbe Stunde bei hoher Temperatur.

Nun bereiten Sie einen schönen rotbraunen Karamel zu, mit dem Sie die Windbeutel kranzförmig auf den Teigboden kleben. Überziehen Sie dann die Windbeutel einzeln mit dem restlichen Karamel.

Jetzt kommt die Creme für die Tortenfüllung dran: Rühren Sie in einer Schüssel 250 g feinen Zucker, 60 g Mehl, eine Prise Salz und 6 Eigelb zusammen. Dann geben Sie nach und nach einen halben Liter heiße Milch hinein und schlagen die Masse mit dem Schneebesen schaumig. Alles in den Milchtopf zurückgießen und die Mischung unter ständigem Rühren aufkochen. Auch bis zum Erkalten muß immer wieder umgerührt werden, damit sich auf der Oberfläche keine Haut bildet, die später klumpt. Ist die Creme erkaltet, wird sie zwischen den Windbeutelkranz auf den Tortenboden gefüllt. Eigentlich garniert man nun diese Torte mit Schlagsahne, die mit Vanillezucker aromatisiert wurde (Rezept S. 196), und obenauf kämen noch einige mit Buttercreme überzogene Windbeutel. Für unser Liebesmahl aber habe ich die gesamte Torte mit Schlagsahne überzogen und sie mit einem großen Herzen aus verzuckerten Rosenblättern dekoriert. Ich verrate Ihnen das Rezept:

Les fleurs de sucre

Verzuckerte Blüten

Die Blüten von Kapuzinerkresse, Veilchen und Akazien, aber auch Orangenblüten, Pfefferminze und Rosenblätter eignen sich besonders für dieses Rezept. Wählen Sie ganz frisch gepflückte Blüten und Blätter aus Ihrem Garten aus. Bei den Rosen sollten Sie bevorzugt Blütenblätter einer altmodischen Rosensorte wählen, denn sie duften süßer und intensiver als die meisten modernen Gartenrosen.

Schlagen Sie zwei Eiweiß zu nicht allzu festem Schnee. Sie tauchen nun die Blüten und Blätter mit einer Briefmarkenpinzette nacheinander einzeln in Eischnee und dann in Puderzuker und setzen sie in eine saubere Tortenform. Sie sollen bei ganz schwacher Hitze im Ofen trocknen, wie Sie es von Meringuen kennen, auf keinen Fall sollten sie gebacken werden. Lassen Sie die Ofentür einen Spalt offen. Auf einem Rost auskühlen lassen.

Benötigen Sie die Blüten nicht am gleichen Tag, bewahren Sie sie gut geschützt in einer Blechdose auf.

Die mit kandierten Blüten dekorierte Saint-Honoré-Torte meiner Cousine Jeanne

Die Teestunde in der Landhausküche

Im Dezember, im klaren Licht der schönen Wintertage, erscheint der Luberon ganz in Grau und Blau und Strohgelb getaucht, es ist wunderschön. Sofern der Spaziergang nachmittags fröhlich und anregend ist, findet man das Wetter sogar warm, doch kaum ist die Sonne hinter den Hügeln verschwunden, möchte man schnell nach Hause. Hastig werden Schals und Mäntel über die Truhe im Eingang geworfen, im Laufschritt eilt man durch die eisigen Gänge dieses großen, so schlecht beheizbaren Anwesens und flüchtet in die Küche, unwiderstehlich angezogen von dem köstlichen Duft von Zucker, Vanille und Butter. Hier brennt schon ein wärmendes Feuer, und alles wartet mit geröteten Wangen und glänzenden Augen darauf, daß man mit der gemeinsamen gemütlichen Teestunde beginnen kann. Auf dem langen Tisch aus gewachstem Holz liegt eine Leinendecke, darauf stehen Tassen und Schalen bereit, ein riesiger Krug mit dampfender dunkler Schokolade wartet, ein anderer mit heißer Milch, ein dickes Stück Landbutter und Bauernbrot, Käse und Konfitüren, ein vielversprechender Cake, der von kandierten Früchten nur so strotzt, daneben ein saftiger Rosinenkuchen, ein riesiger runder Apfelkuchen und ein Schokoladenkuchen sowie ein herrlich nach Anis duftender Honigkuchen neben einer Schale mit kleinen Vanillehörnchen …

Schokoladenkuchen, Apfelkuchen mit Karamel und Vanillehörnchen

Küche im Schloß d'Ansouis (folgende Doppelseite)

LE CHOCOLAT CHAUD

Heiße Schokolade

Bringen Sie einfach einen Liter frische Vollmilch zum Kochen. Sobald sie aufwallt, nehmen Sie sie vom Feuer und lösen darin unter ständigem Schlagen mit dem Schneebesen 150 g Schokolade von guter Qualität auf. Stellen Sie den Topf wieder aufs Feuer zurück und lassen Sie die Schokolade unter Umrühren noch leise köcheln, damit sie sämig wird. Kochendheiß servieren.

LE CAKE AUX FRUITS CONFITS

Cake mit kandierten Früchten

In den Flußebenen von Rhône und Durance, hinter hohen Hecken aus Zypressen und Schilfrohr vor dem Mistral geschützt, verbergen sich Erdbeer- und Melonenfelder und Bäume voller Kirschen, Pfirsiche, Aprikosen, Pflaumen und Birnen; hier wächst das schönste Obst dieser Erde. Es liegt nahe, daß man sehr früh schon in der Umgebung dieser Obstplantagen, in Apt wie in Aix, eine wahre Meisterschaft entwickelte, diese Früchte zu kandieren. So gibt es in Saint-Rémy-de-Provence noch eine uralte Fabrik mit zuckerverklebten Böden, mit dunstverhangenen Küchen voller dampfender alchimistischer Kupferkessel und mit dunklen Gewölben, in denen sich riesige Tonschalen mit glasierten Kirschen und kandierten Aprikosen stapeln. Etwas weiter werden die Früchte behutsam in Konfektpapier gehüllt und in leichte Holzkistchen verpackt, ehe sie in alle Welt versandt werden.

In der Provence werden auch die Edelsteine an den Dreikönigskronen mit kandierten Früchten nachgebildet: ein kandierter Engelwurzstengel für den Smaragd, eine Kirsche für den Rubin.

Cake mit kandierten Früchten und Rosinenkuchen

IN DER KÜCHE: Doch zurück zu unserer Teestunde und vor allem zum Cake-Rezept. Mazerieren Sie am Vortag 125 g kandierte Früchte (Orangen- und Zitronenschale, Zitronat, Melone, Pfirsich und Aprikose), 125 g ganze kandierte Kirschen und 125 g gewaschene und trockengetupfte Rosinen in so viel gutem alten Rum, daß die Früchte ganz bedeckt sind. Rühren Sie 125 g Butter, 125 g Zucker und eine Prise Salz schaumig. Fügen Sie nacheinander die abgeriebene Schale einer unbehandelten Zitrone, drei Eier, 250 g Mehl und ein halbes Päckchen Backpulver hinzu. Die eingeweichten Früchte abtropfen, unter den Teig mischen und einen EL des aufgefangenen Rums hinzufügen. (Den Rest in einer Flasche für den nächsten Cake aufbewahren.) Eine Kastenform mit Butter ausstreichen, mit Backpapier auslegen und den Teig einfüllen. Denken Sie daran, daß er beim Backen auf doppelte Größe aufgeht. Backen Sie den Cake im Ofen bei mittlerer Hitze etwa 45 Minuten. Er ist gar, wenn man mit einer Messerspitze hineinsticht und diese beim Herausziehen sauber bleibt. Sobald der Kuchen aus dem Ofen kommt, wird er auf einen Kuchenrost gestürzt und nach dem Auskühlen in Alufolie gepackt. Warten Sie mindestens bis zum nächsten Tag mit dem Anschneiden. Ich verspreche Ihnen, Ihre bewundernswerte Geduld wird aufs schönste belohnt.

Jedes Jahr im Januar backe ich eine köstliche Variante dieses Cakes aus den Resten der »Dreizehn Weihnachts-Desserts« (Rezepte S. 70). Ich verfahre genau wie beim Cake. Nur ersetze ich die kandierten Früchte und die Rosinen durch entstielte getrocknete Feigenstückchen und entsteinte, in Rum getränkte Datteln. Dazu kommen noch Walnüsse, geschälte Mandeln und Haselnüsse, dunkler Nougatbruch und Würfel von Mandel- und Quittenkonfekt (Rezept S. 27).

LE CAKE AUX RAISINS SECS

Rosinenkuchen

200 g weiche Butter mit 200 g feinem Zucker, einem EL Vanillezucker und einer Prise Salz schaumig rühren. Dann nacheinander vier ganze Eier, 500 g Mehl und ein Päckchen Backpulver hinzufügen, außerdem 125 ml Rum, 150 g Korinthen und

150 g Sultaninen. Den Teig in eine gebutterte, mit Backpapier ausgelegte Kastenform füllen und den Kuchen 45 Minuten bei mittlerer Hitze backen. Aus der Form nehmen und auf dem Kuchenrost erkalten lassen.

La tarte ordinaire

Apfelkuchen mit Sauerrahm

Als erstes kneten Sie 250 g Mehl, 125 g Zucker, eine Prise Salz, ein Päckchen Vanillezucker, 150 g weiche Butter und ein Ei zu einem geschmeidigen Teig zusammen. Eine halbe Stunde an einem kühlen Ort ruhen lassen.

Danach rühren Sie 150 g Butter mit einem ganzen Ei und 125 g Zucker schaumig und ziehen dann 100 g Mehl unter. Schlagen Sie daneben einen Viertelliter Sauerrahm schaumig, und heben Sie den Schlagrahm vorsichtig unter die schaumige Butter.

Schließlich fetten Sie eine Obstkuchenform aus, bestäuben sie mit Mehl und legen sie mit dem Teig aus. Schälen und schneiden Sie fünf Äpfel in nicht zu dünne Scheiben, und verteilen Sie sie kreisförmig auf dem Teigboden. Alles mit der Sauerrahm-Mischung bedecken, Mandelsplitter und etwas Zucker darüberstreuen und bei mittlerer Hitze eine knappe Stunde im Ofen backen. Vor dem Servieren auskühlen lassen.

Wein: Muscat de Beaumes-de-Venise, gekühlt serviert

LE GÂTEAU AUX POMMES ET AU CARAMEL

Apfelkuchen mit Karamel

Vier ganze Eier mit 200 g Zucker und einem Päckchen Vanillezucker schaumig schlagen. Nach und nach 150 g geschmolzene Butter, 200 g Mehl und ein Päckchen Backpulver unterrühren. Einen schönen rostbraunen Karamel zubereiten und auf den Boden einer Springform gießen (Rezept S. 41). Vier bis fünf Äpfel schälen, in Viertel schneiden und eng aneinanderliegend mit der Rundung nach oben auf der Karamelschicht verteilen. Anschließend den Teig über die Äpfel breiten und den Kuchen für eine gute halbe Stunde bei mittlerer Hitze in den Ofen schieben. Stürzen Sie ihn sofort aus der Form, bevor der Karamel hart wird.

Noch besser schmeckt der Kuchen, wenn Sie ihn am Vortag backen und nach dem Auskühlen in Alufolie verpackt aufbewahren.

LE GÂTEAU DE CHOCOLAT

Schokoladenkuchen

Kochen Sie aus 150 g Zucker und etwas Wasser einen Sirup. Sobald der Zucker zu schäumen beginnt, die Wärme reduzieren und 300 g bittere Schokolade darin auflösen und untermischen. Den Topf vom Feuer nehmen und 250 g Butter sowie nach und nach drei Eier und 80 g gesiebtes Mehl hinzufügen. Den Teig in eine ausgebutterte flache Form füllen, die aber hoch genug sein muß, daß sie im Ofen in ein Wasserbad gestellt werden kann. Eine Stunde bei mittlerer Hitze garen lassen. Stürzen Sie diesen Kuchen direkt auf die Platte, denn er verträgt kein großes Umschichten. Lassen Sie ihn vollständig auskühlen, bevor er in Alufolie verpackt wird. Das Schwierigste kommt noch: Sie müssen ihn unbedingt an einem kühlen Ort, jedoch nicht im Kühlschrank verstecken und dürfen ihn erst nach vierundzwanzig Stunden probieren. Und noch ein Tip: Sollte sich der Kuchen einmal nicht unversehrt aus der Form lösen lassen, was gelegentlich passiert, dann glätten Sie ihn mit einer Messerklinge und bestäuben ihn mit Puderzucker oder Kakaopulver – und jeder wird ihn heiß begehren!

Le pain d'épice

Honigkuchen

Seit jeher gibt es in der Provence zahlreiche Sorten von Honig. Die berühmteste, der Lavendelhonig, ist allerdings weniger nach meinem Geschmack, sein Duft ist mir zu aufdringlich und nicht fein genug. Schade, daß sich der Zauber der blühenden Lavendelfelder nicht so ganz dem Honig mitteilt. Ich persönlich bevorzuge den Wiesenhonig, in dem sich der Duft von Lavendel und Thymian mit demjenigen sämtlicher Blüten ringsum vermischt. Er eignet sich ideal sowohl für den dunklen Nougat (Rezept S. 68) wie für Honigkuchen – und ist aufs Brot einfach köstlich. Nicht unerwähnt bleiben sollte auch der Akazienhonig mit seinem besonders zarten Duft.

In der Küche: Mischen Sie in einer großen Schüssel drei randvolle EL Honig mit einem Glas Zucker und einem Glas kochendheißer Milch. Fügen Sie nach und nach drei Gläser Mehl und ein Päckchen Backpulver hinzu und verrühren Sie alles zu einem glatten Teig. Erst zum Schluß geben Sie drei ganze Eier, 100 g im Wasserbad geschmolzene Butter und einen TL Anis dazu.

Den Teig in einer gut ausgebutterten Kastenform verteilen und den Kuchen 45 Minuten bei mittlerer Hitze backen. Anschließend aus der Form nehmen und auf einem Kuchenrost auskühlen lassen.

Le gâteau à l'orange

Orangenkuchen

Für diesen Kuchen benötigen Sie ein dreiviertel Glas feinen Zucker, zweieinhalb Gläser Mehl, ein halbes Päckchen Backpulver, den Saft einer Orange, die abgeriebenen Schalen einer Orange und einer Zitrone, 50 g fein gehacktes Orangeat, 100 g Butter und zwei Eigelb.

Zucker, Mehl und Backpulver in einer Schüssel mischen und den Saft, die abgeriebenen Schalen, das Orangeat, die weiche Butter und zum Schluß die beiden Eigelb hinzufügen. Wählen Sie nach Möglichkeit eine Backform mit größerem Durchmesser, damit der Kuchen nicht zu hoch wird, und buttern Sie sie gut aus. Der Kuchen sollte eine knappe Stunde bei mittlerer Hitze backen und sofort serviert werden, denn warm schmeckt er besonders köstlich.

LES TARTINES À LA CONFITURE DE GRATTE-CUL

Butterbrot mit Hagebuttenkonfitüre

Erst einmal müssen Sie sich bei einem Spaziergang im Oktober auf die Suche nach einem schönen Hagebuttenstrauch begeben. Gewiß kennen Sie jene beerenartigen roten Früchte der wilden Rose, die im botanischen Lexikon mit ihrem lateinischen Namen Cynorhodons heißt. Pflücken Sie also einen ganzen Korb voller Hagebutten. Zurück zu Hause werden die Früchte verlesen: Die trockenen reservieren Sie sich für einen Erkältungstee, denn die Hagebutte ist ein vorzüglicher Vitamin-C-Spender. Aus den übrigen vollreifen Früchten bereiten Sie eine wohlschmeckende Konfitüre. Doch erst einmal müssen die Kernchen entfernt werden. Zerteilen Sie die Früchte der Länge nach, wie wenn Sie eine Dattel entsteinen, und holen Sie die Kernchen samt den feinen Härchen, in die sie eingebettet sind, heraus. Früher wurden diese Härchen von den Scherzartikel-Händlern als »Juckpulver« verkauft, weshalb die Hagebutten in der Provence, wo man kein Blatt vor den Mund zu nehmen pflegt, »Arschkratzer« getauft wurden. Nun gut. Zurück zu unserer Konfitüre: Nach dem Entkernen werden die Früchte gewogen und in einen Kochtopf gefüllt: 750 g Kristallzucker pro Kilo Fruchtfleisch hinzufügen und über Nacht mazerieren lassen.

Am nächsten Morgen lassen Sie die Früchte etwa eine halbe Stunde lang kochen, ebenso lange an den beiden folgenden Tagen. Dann füllen Sie die Konfitüre in Gläser.

Zur Teestunde gibt es diese Konfitüre dann zu dickem, mit Butter bestrichenen Landbrot.

LA MARMELADE D'ORANGES AMÈRES

Bittere Orangenmarmelade

Etwas später kommt die Marmelade aus bitteren Orangen an die Reihe, im Januar oder Februar etwa, wenn man zur Zeit der Orangenernte mit einem Auto voller Mimosenzweige für die Vasen im Haus und vor allem mit großen Körben voller Bitterorangen von der Côte d'Azur heimkehrt.

Kupfertopf zum Konfitüre-Kochen

IN DER KÜCHE: Kochen Sie als erstes auf kleiner Flamme in einem zugedeckten Kochtopf in einem Liter Wasser ein Kilo Apfelschnitze mit allen Stielen, Schalen und Kernen. Nach dem Garen in ein Haarsieb schütten und den Saft auffangen. Inzwischen haben Sie zehn Bitterorangen, zehn süße Orangen sowie eine unbehandelte

Zitrone vorsichtig geschält, ohne die weiße Haut mit abzuziehen. Schneiden Sie die Schalen in feine Streifen und blanchieren Sie sie in kochendem Wasser auf kleiner Flamme so lange, bis sie ganz glasig und weich sind. Das dauert etwa zwanzig Minuten.

Nun mischen Sie im Marmeladentopf einen Liter des gesammelten Apfelsuds mit zwei Litern ausgepreßtem Saft der bitteren und der süßen Orangen, dem Zitronensaft, den gut abgetropften blanchierten Orangenschalen und drei Kilo Kristallzucker. Alles bei starker Hitze aufkochen, einige Male aufwallen lassen, den Topf vom Feuer nehmen und die Marmelade abkühlen lassen. Achten Sie während des Kochens darauf, daß die Marmelade nicht plötzlich aufschäumt und überkocht. Lassen Sie sie am nächsten und auch am übernächsten Tag nochmals kurz aufkochen und abkühlen, dann erst füllen Sie die Marmelade in Gläser. Wie die Hagebuttenkonfitüre ist auch sie ein himmlischer Brotaufstrich.

Les petits croissants à la vanille

Kleine Vanillehörnchen

Kneten Sie einen Mürbeteig aus 210 g Butter, 210 g Mehl, 100 g gemahlenen Mandeln und 50 g feinem Zucker. Eine Stunde im Kühlschrank ruhen lassen. Nun formen Sie aus dem Teig kleine Halbmonde in der Größe einer Mandarinenspalte und legen sie auf ein gefettetes Backblech. Bei mäßiger Hitze zwanzig Minuten backen – aber passen Sie auf, sie müssen blaß bleiben! Noch warm werden sie in einer Mischung aus Kristallzucker und Vanillezucker gewälzt, ganz vorsichtig, denn die kleinen Hörnchen sind zerbrechlich, wenn sie aus dem Ofen kommen. Lassen Sie sie vor dem Verzehr auskühlen, doch diesmal schlage ich Ihnen nicht vor, sie in einer Dose aufzubewahren: Es ist einfach unmöglich, der Versuchung zu widerstehen, sie nicht noch am gleichen Tag alle aufzuessen.

Butterbrot mit Hagebuttenkonfitüre

Das grosse Weihnachtsmahl

Mit dem 4. Dezember, dem Barbara-Tag, beginnt die Vorweihnachtszeit. An diesem Tag wandert man in die Hügel, um frisches Moos zu sammeln: Es wird dann auf Untertassen verteilt, man sät Getreidekörner oder Linsen hinein und begießt es mit etwas Wasser. In den zwanzig Tagen, die den Barbara-Tag von Weihnachten trennen, beginnt die Saat zu keimen und bildet hübsche grüne Tuffs – Primizien der kommenden Ernte, Symbole des während der Wintermonate schlummernden Lebens. Dieses frische Grün wird später seinen Platz zwischen den Felsen und dem Buschwerk rund um die Krippe bekommen. Der allerschönste Gras-Tuff wird für die Dekoration der Weihnachtstafel reserviert.

Jedes Jahr kurz vor dem Heiligen Abend werden ganz oben aus dem Schrank die beiden Pappkartons hervorgeholt, in die man im vorigen Jahr, gut in Watte verpackt, die Krippenfiguren in provenzalischer Tracht, die »Santons«, verstaut hatte. Am Tag, an dem die Krippe aufgebaut werden soll, geht man morgens mit einem großen Korb Moos sammeln, mit dem die Felder und Wiesen nachgebildet werden, und man holt auch Thymianzweige für die Olivenbäume, kleine Zedernzweige für die Pinien, Kieselsteine und ein paar dicke Steinbrocken für die Felsen. Manche basteln sich ihre Felsen aber auch aus kräftigem grauen Papier, das sie mit Wasserfarben braun, ocker und rot bemalen. Früher fand man es schon fertig bemalt in der Drogerie, es nannte sich »Krippenpapier«. Man braucht außerdem noch Silberpapier, um den Fluß nachzubilden, an dessen Ufer der Fischer und die Wäscherin aufgestellt werden, und einen kleinen Spiegel für den Teich, auf dem die Enten schwimmen sollen. All dies wird auf einem großen Stück Karton hübsch angeordnet und bekommt seinen Platz auf dem Büffet. Nun holt man die Krippenfiguren aus der Schachtel und gruppiert sie in diese reizvolle Landschaft. Die Krippe ist gerichtet. Doch erst um Mitternacht wird das Jesuskind auf sein Stroh-

Die »Dreizehn Desserts«

lager zwischen Ochs und Esel gebettet. Selbstverständlich ist Weihnachten auch für die Provenzalen ein religiöses Fest, doch es ist zugleich auch ein typisch provenzalisches Fest, denn die kleinen Santons in ihren traditionellen volkstümlichen Gewändern machen es möglich, daß Bethlehem seit Generationen an Weihnachten unversehens zwischen dem Mont Ventoux und dem Hafen von Marseille liegt.

Doch zurück zu unserem großen Weihnachtsmahl: Es ist frugal und gleichzeitig üppig. Wir decken den Tisch mit drei weißen Tischdecken und drei Kerzen – früher waren es Talgkerzen – und mit dem Teller mit dem grünen Barbara-Korn. Das Festessen ist ein Fastenessen: Zuerst das Festtagsbrot, ein dicker, goldbraun gebackener Laib mit dem Kreuzzeichen, dann eine Suppe, die »Aïgo Boulido«, danach Sellerie mit Anchovis, ein Kardengratin und ein Fischgericht. Wer am Ufer der Rhône wohnt, ißt Aal, wer im Landesinneren wohnt, Stockfisch. Hinterher gibt es Ziegenkäse mit Frisé-Salat, »so fein gekräuselt wie das Haar vom Christkind«, und zum Schluß die berühmten »Dreizehn Desserts«.

Auch die »Bûche« muß hier unbedingt erwähnt werden. Nicht die mit Buttercreme gefüllte Biskuitrolle gleichen Namens, über die reden wir morgen. Nein, die Rede ist von einem richtigen Holzscheit und von der Zeremonie des »Cacho-fio«. Dieses Holzscheit, das vom kräftigsten Ast eines im letzten Jahr abgestorbenen Obstbaumes, meist eines Mandelbaums, stammt, wird an diesem Abend vom Großvater mit etwas warmem Wein gesegnet und von einem Kind der Familie ins Feuer geworfen. Ein schönes Symbol des ewigen Lebens! Denn Weihnachten ist in der Provence vor allem das Fest des Lebens, das Leben des neugeborenen Kindes, wie das des Getreides, das keimt und reift. Daher ist bei uns der Mistelzweig kein Weihnachtsschmuck, denn die Mistel ist ein grausamer, wenn auch verführerisch schöner Parasit, der früher oder später den Tod des Baumes, der ihn trägt, zur Folge hat.

Keine Mistel also und eigentlich auch keine Tanne ... Aber ich habe Ihnen ja schon erzählt, daß ich ein halber Elsässer bin, und bei mir daheim wurde und wird noch heute die Krippe unterm Tannenbaum aufgebaut.

L'Aïgo boulido

Aïgo-boulido-Suppe

Aïgo boulido kommt von »eau bouillie«, und das heißt »kochendes Wasser«. Es ist die einfachste Suppe der Welt. Die Provenzalen sagen: »L'aïgo boulido sauvo la vido« (die Aïgo boulido rettet das Leben), und in der Tat wirkt diese Suppe Wunder nach einem zu reichlichen Essen oder bei einer bösen Grippe. Sie fügen aber philosophisch und humorvoll hinzu: »au bout d'un tems, tuo li gènt«, was soviel heißt wie: »Mit der Zeit aber tötet sie die Menschen«, und das wiederum meint, daß man sich nicht nur von heißem Wasser ernähren kann. Jedenfalls ist diese Suppe eine Köstlichkeit und eröffnet traditionell das große Weihnachtsessen.

In der Küche: Man braucht drei bis vier Knoblauchzehen pro Person. Lassen Sie sie ungeschält und zerdrücken sie ein wenig. Sie müssen etwa zehn Minuten in Salzwasser kochen. Schalten Sie die Temperatur aus, fügen Sie etwas Thymian, ein Lorbeerblatt und sehr viel Salbei hinzu, decken Sie den Topf zu und lassen Sie die Kräuterbrühe ziehen. Anschließend durchseihen, nochmals erwärmen, aber nicht aufkochen. In einer Suppenterrine auftragen. In jeden Teller kommt eine Scheibe geröstetes Brot, das mit Olivenöl beträufelt und mit dünnen Gruyère-Scheiben belegt ist, die in der heißen Suppe schmelzen werden.

Le céléri à l'anchois

Sellerie mit Anchovis

Sechs bis sieben eingelegte Anchovis (Sardellen) werden unter fließendem Wasser gewaschen und entgrätet. Die Filets mit einer Gabel zerdrücken und sie mit einem kleinen Glas Olivenöl, einem EL Essig und etwas Pfeffer aus der Mühle in ein Eisenpfännchen geben. Nur keinen Knoblauch an diese Sauce geben, er würde den Anchovis-Geschmack übertönen! Die Anchovis bei mäßiger Hitze im Öl auflösen, ohne sie zu kochen. Rühren Sie geduldig eine Viertelstunde lang, bis sie sich völlig aufgelöst haben.

Suchen Sie sich auf dem Markt einen schönen weißen Staudensellerie aus. Nach dem Waschen, Trocknen und Verlesen schneiden Sie die zarten Stengel und die weißen Blätter in kleine Würfel. Schwenken Sie sie in der warmen Anchovis-Sauce und tragen Sie sie unverzüglich auf.

La tarte au vert et aux pignons de pins

Grüne Torte mit Pinienkernen

Zu dieser Zeit des Jahres kann das Grün für die Torte aus Mangold- oder Spinatblättern bestehen. Beides ist köstlich und läßt sich auch gut miteinander mischen. Man verliest und wäscht die Blätter, läßt sie fünf Minuten in kochendem Wasser blanchieren und dann gut abtropfen.

Inzwischen bereiten Sie einen Mürbeteig zu, indem Sie möglichst rasch und ohne zu starkes Kneten 250 g Mehl, eine Messerspitze Salz, 50 g Butter, drei EL Olivenöl und drei EL Wasser vermengen. Mit dem Teig eine Tortenform auslegen, mehrmals mit der Gabel einstechen und bei mäßiger Hitze eine Viertelstunde backen; er darf keine Farbe annehmen.

Vermischen Sie in der Zwischenzeit in einem Schälchen zwei Eigelb, 100 g Crème fraîche, 100 g geriebenen Gruyère, etwas Salz und frisch gemahlenen Pfeffer aus der Mühle.

Nehmen Sie den Tortenboden aus dem Ofen, belegen Sie ihn mit den Spinat- und Mangoldblättern, gießen Sie die Mischung aus Ei und Sahne darüber, bestreuen Sie sie mit 100 g Pinienkernen und verzieren Sie die Torte mit einigen schwarzen Oliven. Für weitere zwanzig Minuten in den Backofen schieben.

Diese Torte wird heiß oder lauwarm nach dem Aïgo boulido zusammen mit der Anchovis-Sellerie serviert.

Le tian de carde

Kardengratin

Wählen Sie einen schönen weißen Kardenstiel aus und ziehen Sie sich zum Schälen Gummihandschuhe an, sonst bekommen Sie braune Hände. (Das ist das einzig Unangenehme an diesem ausgezeichneten Gemüse.) Schälen Sie also den Blattstiel, ziehen Sie die Fasern ab, und schneiden Sie ihn in etwa vier Zentimeter große Stücke. In eine Schüssel mit Wasser und Zitronensaft legen. In einen Topf mit Salzwasser eine Handvoll Mehl einrühren und die Karden darin eine gute Stunde dünsten. Sind sie weich, läßt man sie in einem Sieb abtropfen. Anschließend kommen sie mit drei EL Öl, einer Zwiebel, zwei gehackten Knoblauchzehen und zwei Anchovisfilets in eine Kasserolle. Bestäuben Sie alles mit 50 g Mehl und dicken Sie das Ganze durch Einrühren eines halben Liters heißer Milch an. Salzen, pfeffern, in eine Auflaufform füllen, mit geriebenem Gruyère bestreuen und eine Viertelstunde im Backofen gratinieren.

Grüne Torte und Sellerie mit Anchovis

Die folgende Abwandlung ist weniger traditionell, doch mindestens ebenso gut: Die Kardenstücke nach dem Garen abtropfen lassen und in die Auflaufform füllen. Eine Béchamelsauce, gekocht aus 50 g Butter, 50 g Mehl, einem halben Liter Milch, Salz und Pfeffer, angereichert mit 100 g Crème fraîche und 60 g geriebenem Gruyère, über die Karden gießen und noch etwas zusätzlichen Käse über den Auflauf streuen, ehe Sie ihn eine Viertelstunde lang im Ofen gratinieren.

LE RAGOÛT DE TRUFFES

Ragout von Trüffeln

Ich kann mir schon denken, was Sie sagen werden ... Sie finden, ein solches Gericht sei für das Weihnachtsessen zu luxuriös, selbst wenn man die Trüffeln auf dem Markt in Carpentras erstehen kann, wo sie weit billiger zu haben sind als hier bei uns. Aber schließlich ist doch jetzt Hochsaison für Trüffeln, soll man das nicht ausnützen? Und es gab sogar eine Zeit, da waren im Vaucluse die Trüffeln fast so verbreitet wie die Kartoffeln. Man garnierte damit den Rinderschmorbraten, wie wir es heute mit schlichten Karotten tun. Ich jedenfalls koche am Weihnachtsabend, nach dem Sellerie und dem Kardengratin, ein Trüffel-Ragout.

IN DER KÜCHE: Ich muß gestehen, Sie brauchen schon ein gutes Kilo Trüffeln! Diese werden sorgfältig abgebürstet und geschält, die Schälreste heben Sie für die »Brandade« auf, die wir gleich nachher zubereiten werden. Eine kleingehackte Schalotte wird in etwas Butter und Olivenöl goldgelb gebräunt – goldgelb, meine ich, nicht dunkelbraun! – und mit einer halben Flasche weißem Châteauneuf-du-Pape aufgegossen. Reduzieren Sie die Flüssigkeit auf kleiner Flamme und bei geöffnetem

WEIN: Châteauneuf-du-Pape (weiß)

Trüffeln aus Carpentras

Topf auf ein Drittel. Salzen, pfeffern und nun die in fünf Millimeter dicke Scheiben geschnittenen Trüffeln hinzugeben. Wenden Sie sie einmal um, decken Sie den Topf wieder zu, und warten Sie drei bis vier Minuten, bis die Trüffeln beim Erwärmen ihr unvergleichliches Aroma entfalten. Tragen Sie sie sofort so heiß wie möglich auf.

La morue aux poros

Stockfisch mit Lauch

Vielleicht fragen Sie sich, warum ausgerechnet der Stockfisch, den die Fischer von Saint-Malo im fernen Nordatlantik fangen und einpökeln, in der Provence dermaßen heimisch geworden ist, daß er selbst beim großen Weihnachtsessen nicht fehlen darf. Das liegt daran, daß die Fischer von Saint-Malo zur Fischkonservierung gewaltige Mengen Salz benötigten, das sie an der Mittelmeerküste und besonders in den Salzgärten des Rhône-Deltas so reichlich fanden. So tauschten sie Salz gegen Stockfisch, und weil der sich trotz des heißen Klimas so perfekt hielt, wurde er hierzulande sehr schnell beliebt.

Wein: Côtes de Provence (rosé)

In der Küche: Wässern Sie am Abend vorher ein Kilo Stockfisch in einer großen Schüssel, um ihn zu entsalzen, und wechseln Sie dabei mehrmals das Wasser. Dann pochieren Sie den Fisch in simmerndem Wasser. Schälen, waschen und schneiden Sie drei Kilo dicke weiße Lauchstangen in zwei Zentimeter dicke Ringe. Fünf Minuten in sprudelndem Wasser kochen und abtropfen lassen. Die Lauchstücke anschließend in einer Pfanne oder einem Kochtopf mit drei EL Olivenöl, einer Knoblauchzehe und einer feingehackten Zwiebel bei geringer Hitze im geschlossenen Topf garen. Das

Kardengemüse und Stockfisch

dauert etwa zwanzig Minuten. Nun geben Sie ein Schälchen schwarze Oliven sowie den pochierten und zerpflückten Stockfisch zum Lauch, fügen einige EL Fischsud hinzu und lassen alles bei halbgeöffnetem Deckel und reduzierter Temperatur eine Stunde köcheln. Schmecken Sie das Gericht vor dem Servieren nochmals ab, und geben Sie etwas frisch gemahlenen Pfeffer aus der Mühle darüber.

LE TIAN DE BRANDADE

Gratiniertes Stockfisch-Püree

Zum ersten Mal aß ich dieses Gericht in St. Tropez – und seitdem gehört es Jahr für Jahr zu unserem Weihnachtsmenü.

Am Vorabend wird in einer großen Schüssel ein gutes Kilo Stockfisch gewässert und das Wasser bis zum nächsten Morgen mehrfach gewechselt.

Dann pochiert man den Stockfisch, ohne das Wasser zum Kochen zu bringen. Man läßt ihn abkühlen, befreit ihn von Haut und Gräten, zerpflückt ihn und legt die schönsten Stücke (etwa die Hälfte) auf die Seite. Wer sich stark fühlt und ein traditionsbewußter Mensch ist, greift nun zu Mörser und Stößel; andernfalls püriert man die übrige Hälfte des Stockfischs mit einer Knoblauchzehe und einem Glas gutem Olivenöl im Mixer.

Inzwischen werden ein Kilo geschälte alte Pertuis-Kartoffeln gekocht. Sobald sie weich sind, werden sie durch die Kartoffelpresse oder eine Gemüsemühle getrieben; keinesfalls den Mixer benützen, das gäbe Tapetenkleister! Nun muß reichlich heiße Milch (aber nicht zu viel) untergerührt werden, damit ein lockeres Püree entsteht. Dieses wird mit der Stockfischmasse, 50 g extra dicker Crème fraîche, den zurückbehaltenen Fischstücken und zwei aufgeschlagenen ganzen Eiern vermengt und nach Bedarf gesalzen und gepfeffert. Man gibt das Püree in eine Auflaufform, überstreut es mit geriebenem Parmesan und schwarzen Oliven, gießt noch ein wenig Olivenöl darüber und läßt den Auflauf eine halbe Stunde bei mittlerer Hitze gratinieren.

WEIN:
Côtes de Provence (rosé)

La fougasse au beurre d'orange

Fougasse – Brot aus Orange

Die Fougasse ist ein Backwerk, wie es eigentlich nur in Orange zu finden ist. Überall anderswo gibt es die »Pompe à l'huile d'olive«, ein mit Olivenöl gebackenes Brot. Versuchen Sie sich beim Bäcker rohen Baguette-Teig zu besorgen und verkneten Sie ihn mit 75 g weicher Butter, bis diese vollständig eingearbeitet ist. Formen Sie daraus einen ein Zentimeter dicken, flachen ovalen Fladen. Schneiden Sie mit dem Messer schräge Kerben hinein, als wollten Sie Blattadern einritzen. Legen Sie die Fougasse auf ein gefettetes, bemehltes Blech und achten Sie dabei darauf, daß die eingeritzten Rippen offen bleiben. Lassen Sie den Teig eine Stunde aufgehen, und backen Sie ihn dann eine Viertelstunde bei mittlerer Hitze.

Weihnachtliches Frühstück

Die Fougasse wird nicht mit dem Messer geschnitten, sondern, wie beim Abendmahl, mit den Händen gebrochen.

Le nougat noir

Dunkler Nougat

Zwar gehört die Herstellung von weißem Nougat zur hohen Kunst der Confiserie, doch dunklen Nougat kann man leicht zu Hause selber machen. Legen Sie sich ein großes Oblatenblatt, ein Kilo festen Honig und ein halbes Kilo ungeschälte Mandeln zurecht. Lassen Sie den Honig in einem Topf schmelzen, fügen Sie die Mandeln hinzu und lassen Sie beides unter ständigem Rühren etwa vierzig Minuten kochen. Sobald ein Tropfen Honig in einem Glas Wasser erstarrt, ist es fertig. Sie nehmen dann den Topf vom Feuer und lassen die Masse unter ständigem Rühren etwas abkühlen, sonst könnte die Oblate schmelzen. Legen Sie eine Oblatenhälfte auf eine Marmorplatte und bilden Sie aus Metall-Linealen oder etwas ähnlichem einen viereckigen

Rand. Gießen Sie den Nougat hinein, legen Sie die andere Oblate darüber und obenauf ein Brettchen, mit dem Sie den Nougat vorsichtig flachdrücken. Nach einer halben Stunde können Sie ihn in fünf bis sechs Zentimeter breite Barren schneiden.

LES CALISSONS

Calissons – eine Spezialität aus Aix

Dieses Wunderwerk der Zuckerbäckerkunst aus Aix ist vor langer, langer Zeit aus der Liebe eines Zuckerbäckers für seine Königin entstanden. Wie die Legende erzählt, war der gute König René viel zu häufig auf Jagd, zu häufig jedenfalls für den Geschmack seiner Gemahlin, der schönen Königin Jeanne. Diese, des Wartens müde, gewährte daraufhin ihrem jungen, feurigen Zuckerbäcker ihre Gunst. Und der nun erfand, sehr zum Plaisir seiner heißgeliebten königlichen Herrin, dieses kleine Naschwerk, das »Calisson«.

In Aix-en-Provence bestehen die Calissons traditionell aus einer Mischung aus Mandeln und kandierter Melone. Ich habe bei dem folgenden Rezept die Melone durch kandierte Orangenschale ersetzt und finde, es schmeckt damit sogar noch hinreißender.

IN DER KÜCHE: Man benötigt zu gleichen Teilen Mandeln und kandierte Orangenschalen. Die Mandeln werden zum Quellen einige Minuten in kochendes Wasser gelegt und abgezogen. Dann werden sie mitsamt den kleingeschnittenen Orangenschalen in einem großen Mörser zerstampft; Sie können auch den Mixer verwenden. Auf diese Weise erhält man eine körnige Paste, die mit zwei EL Honig geglättet wird. Diese Paste wird in einer ein Zentimeter dicken Schicht auf eine Oblate gestrichen. Mischen Sie in einer Schüssel drei Eiweiß mit 300 g Puderzucker zu einem glatten, dünnflüssigen Zuckerguß. Der Konditor nennt dies eine »glace royale«, königliche Glasur. Überziehen Sie damit Ihre Mandel-Orangenpaste. Die Calissons werden in Rauten geschnitten und fünf Minuten bei geringer Wärme im Ofen getrocknet.

LES TREIZE DESSERTS

Die »Dreizehn Desserts«

WEIN: Muscat aus Beaumes-de-Venise

Was die Auswahl der Weihnachts-Desserts betrifft, so hat jeder Winkel in der Provence und jede Familie ihre eigene Tradition. Immer aber – so verlangt es das Ritual – müssen es dreizehn verschiedene sein, zur Erinnerung an Jesus und seine zwölf Apostel. Eine weitere Bedingung ist, daß viererlei Ingredienzen darin vorkommen müssen, die die vier Bettelorden symbolisieren: Rosinen erinnern an die Dominikanermönche, Mandeln an die barfüßigen Karmeliter, Haselnüsse an das Gewand der Augustiner und getrocknete Feigen an das der Franziskaner. Überall gehören auch Datteln und Walnüsse, dunkler und weißer Nougat dazu. Beim Obst dagegen hat jeder seine eigene Tradition: Statt Orangen gibt es häufig Mandarinen, manchmal kommen Äpfel und Birnen auf den Tisch, gelegentlich sogar eine weiße Spaliertraube, die sich wunderbarerweise auf dem Dachboden konserviert hat, oder gar eine grüne Melone, die schon seit September in einem Netz an einem Nagel hing, um vor Beschädigungen geschützt zu sein. In Marseille wird die Pompe à l'huile d'olive gebacken, in Aix das Gibassié, in Orange die Fougasse. In Vaison-la-Romaine bäckt man die Apfel-Panade, eine Art Hefekuchen mit geraspelten Äpfeln und Butterstreuseln, der mit einigen Tropfen Orangenblütenwasser beträufelt wird, sobald er knusprig und goldbraun aus dem Ofen kommt. All diese Köstlichkeiten werden noch ergänzt durch Quittenkonfekt, kandierte Früchte, Calissons und bisweilen durch Weintrauben in Branntwein. Zu den Dreizehn Desserts trinkt man die »Carthagène« (Rezept S. 121) oder einen Muscat aus Beaumes-de-Venise.

LES RAISINS À L'EAU-DE-VIE

Weintrauben in Branntwein

Für diesen »Trauben-Topf« wählen Sie weiße Trauben mit knackigen Beeren aus. Schneiden Sie mit einer Schere alle Beeren von der Traube ab und lassen Sie ihnen dabei einen fünf Millimeter langen Stiel. Nun wird Beere für Beere sorgfältig abgerieben und in ein großes Einmachglas geschichtet. Dieses füllen Sie mit Branntwein auf, geben fünf Stückchen Würfelzucker pro Liter Inhalt dazu und verschließen es luftdicht. Am besten verstecken Sie es nun ganz oben in einem großen dunklen Vorratsschrank vor Neugierigen und Leckermäulern und vergessen es für ein Jahr.

Von Weihnachten bis Silvester

Das große Weihnachtsmahl neigt sich dem Ende zu, es wird Zeit, in die Christmette zu gehen. Was von der Fougasse noch übrig ist, wird es morgen zum Frühstück geben, zusammen mit einem großen Schälchen Milchkaffee … Aber bleiben Sie trotzdem vernünftig, denn das Mittagessen am ersten Feiertag hält noch manche Überraschungen bereit. Dies nämlich muß ein echtes Festessen sein. Ausnahmsweise werden wir es nicht mit unserer gewohnten provenzalischen Einfachheit halten: Wir werden in der Gegend von Bresse eine schöne zarte Poularde mit weißem Fleisch besorgen und im benachbarten Languedoc eine rosig zarte Gänseleber. Auf dem Markt von Carpentras schließlich kaufen wir unsere Trüffeln. Alle anderen Zutaten bekommen wir am Ort.

La salade d'artichauts

Artischocken-Salat

Sie lösen die Böden von zwölf großen, geschlossenen Artischocken heraus, reiben sie mit einem Stück Zitrone ab und legen sie nacheinander in eine Schüssel mit frischem Wasser. Streuen Sie in einen Liter kaltes Salzwasser einen EL Mehl ein, geben Sie zwei EL Essig oder Zitronensaft dazu und lassen Sie alles unter Rühren aufkochen. Geben Sie die Artischockenböden hinein und garen Sie sie auf kleiner Flamme. Sie sollten weich, aber noch etwas knackig sein. Abtropfen und erkalten lassen.

In einem Schüsselchen eine Vinaigrette aus Olivenöl, ganz wenig gutem Weinessig und Salz anrühren. Bürsten und schälen Sie zwei bis drei Trüffeln. Heben Sie die beim Schälen anfallenden Reste gut auf, denn sie werden später zerstoßen und für die Poularden-Farce (Rezept S. 72) verwendet. Die Trüffeln in dicke Scheiben schneiden.

Auf jedem Teller werden nun auf einem Bett aus Feldsalat zwei Artischockenböden angerichtet, die mit je einer rosa Scheibe Foie gras und einer Trüffelscheibe belegt werden. Das Ganze wird mit zwei EL Vinaigrette übergossen. So einfach – und so himmlisch!

Wein: Crozes Hermitage (rot)

LA POULARDE POCHÉE

Pochierte Poularde

WEIN: Crozes Hermitage (rot)

Die Poularde und die Füllung wird bereits einen, wenn nicht gar zwei Tage vorher vorbereitet. Erst müssen Sie das Huhn rupfen, ausnehmen und den verbliebenen Flaum absengen. Dann richten Sie die Farce: Sie hacken 500 g Kalbfleisch, die Hühnerleber, 100 g Foie gras und ein bis zwei schöne Trüffeln und vermengen die Masse mit einem EL Olivenöl, drei EL Cognac, Salz und Pfeffer aus der Mühle. Die Poularde damit füllen und sie bridieren. Bis zum Braten kühl aufbewahren.

Später legen Sie die Poularde in einen passenden Bräter und geben zwei Karotten, eine mit Nelken gespickte Zwiebel, ein Sträußchen Petersilie, Thymian, Lorbeer und eine Stange Lauch dazu. Die Poularde vollständig mit kaltem Wasser oder Bouillon bedecken, salzen und im geschlossenen Topf auf sehr kleinem Feuer eineinhalb bis zwei Stunden garziehen lassen. Eine halbe Stunde vor dem Servieren lassen Sie in einer kleinen Kasserolle 20 g Butter zergehen, geben einen EL Mehl dazu und lassen dieses anschwitzen. Den Topf vom Feuer nehmen und langsam 3 dl Hühnerbrühe dazugeben. Den Topf wieder aufs Feuer stellen, mit dem Schneebesen schlagen, bis der Inhalt kocht. Einige Minuten köcheln lassen. Dann 100 g dicke Crème fraîche zugeben, den Topf vom Feuer nehmen, ein bis zwei Eigelb unterziehen und mit einem Schuß Zitronensaft und etwas geriebenem Muskat würzen. Runden Sie mit einem kleinen Stück frischer Butter ab.

Entfernen Sie das Küchengarn. Reichen Sie die Sauce getrennt zur Poularde, dazu Kreolischen Reis.

LES LENTILLES DU PREMIER JANVIER

Neujahrslinsen

Zum Neujahrstag bekommen Sie von mir nur ein Rezept – ein Linsen-Rezept, dann haben Sie bestimmt das ganze Jahr über genügend Geld. Ich weiß nicht mehr genau, woher diese Tradition in unserer Familie stammt, aber bei uns sagt man: »Ißt man Linsen am ersten Januar, hat man Münzen das ganze Jahr.« Ich finde, es ist eine gute, sogar eine wunderbare Tradition, und ich für meinen Teil bin ihr auch immer treu geblieben.

IN DER KÜCHE: Bräunen Sie in einem Schmortopf 200 g gehackte Zwiebeln in Olivenöl an, und fügen Sie 500 g in grobe Stücke geschnittene Lauchstangen, drei

Pochierte Poularde

Wein: Saint Joseph (rot)

in Würfel geschnittene Kartoffeln, 400 g Schweinswürstchen (mit einer Gabel anstechen, damit sie nicht platzen) und 500 g gut gewaschene Linsen hinzu. Mit etwa drei Liter Wasser auffüllen und mit etwa zehn ungeschälten Knoblauchzehen, Salz und Pfeffer würzen. Zudecken und eine gute Stunde auf schwacher Flamme kochen lassen. Kurz vor dem Auftragen geben Sie noch ein Stückchen Butter hinein. Gießen Sie zum Schluß die Linsen und das Gemüse durch ein Sieb. Danach wird zuerst die Brühe in tiefen Tellern serviert, in die Knoblauchbrot mit geriebenem Gruyère gelegt wurde. Anschließend erst reichen Sie die Linsen mit dem Gemüse und den Würstchen.

La baiano de pois chiches

Baiano von Kichererbsen

Dieses Gericht hat große Ähnlichkeit mit den »Neujahrslinsen«; nach alter Tradition aß man das Baiano mit Kichererbsen am Palmsonntag, wenn mit dem Ende des Winters der Vorrat an Kichererbsen zur Neige ging. Doch bevor ich Ihnen das Rezept genauer erkläre, sollten wir noch über die beste Zubereitungsart von Kichererbsen reden. Am idealsten ist es, sie in Spinatwasser zu garen. Es ist dann nicht mehr nötig, sie eine ganze Nacht vorher einzuweichen, auch erübrigt sich die Zugabe von Natron.

In der Küche: Wenn Sie allerdings am Vortag keinen Spinat gekocht haben, müssen Sie die Kichererbsen (etwa 450 g) eine ganze Nacht mit einer Prise Natron einweichen. Danach in ein Sieb geben und gut waschen. Die Erbsen in einem Topf mit drei Litern Wasser, zwei Lauchstangen, einer Karotte, einer Handvoll Spinat (um das Garen zu beschleunigen), zwei Knoblauchzehen, einem Lorbeerblatt, zwei Salbeiblättern, Salz und Pfeffer aufsetzen und zum Kochen bringen. Sorgfältig abschäumen, den Topf verschließen und bei schwacher Hitze zwei Stunden kochen, bis die Erbsen weich sind. Eine halbe Stunde vor Ende der Kochzeit fügen Sie 500 g Würstchen hinzu (vorher anstechen, damit sie nicht platzen).

Sind die Würstchen gut durchgezogen, werden sie in Scheiben geschnitten. Schütten Sie die Kichererbsen ab, und fangen Sie die Brühe auf. Füllen Sie die Suppe nun in tiefe Teller, in denen bereits geröstetes Knoblauchbrot und die kleingeschnittenen Würstchen liegen. Streuen Sie geriebenen Gruyère darüber, und servieren Sie die Kichererbsen mit einem »Aïoli« (Rezept S. 184) oder einfach mit einer Vinaigrette.

La bûche aux amandes de ma mère

Weihnachts-Bûche mit Mandeln

Sie dürfen sich von der Bezeichnung »Bûche«, was genaugenommen »Holzscheit« bedeutet, nicht abschrecken lassen und unbedingt einmal diesen köstlichen Kuchen mit Kaffee und Mandeln, versuchen, der am Vortag gebacken werden sollte.

Brühen Sie als erstes einen sehr starken, guten Kaffee auf und stellen ihn kalt. Lassen Sie ein halbes Pfund Butter an einem warmen Ort weich werden. Knacken Sie etwa dreißig Mandeln, und überbrühen Sie sie mit siedend heißem Wasser. Die Haut abziehen und fünf Minuten im Ofen rösten, bis sie schön goldbraun sind. Nun werden sie in eine Tüte aus reißfestem Papier gefüllt, darin mit dem Nudelholz zerdrückt und dann beiseite gestellt.

Rühren Sie mit dem Mixer die Butter und fünf EL Zucker schaumig. Fügen Sie ein Eigelb und nach und nach Kaffee hinzu, bis Sie das gewünschte Aroma haben.

Nun tauchen Sie schnell nacheinander Löffelbiskuits in den restlichen Kaffee (nur kurz anfeuchten!) und formen damit einen Baumstamm aus abwechselnd einer Lage Biskuits und einer Schicht Buttercreme. Verwenden Sie dafür nur die Hälfte der Creme, denken Sie daran, daß Sie die andere Hälfte für den Überzug brauchen.

Zum Schluß bestreuen Sie den Kuchen mit den zerstoßenen Mandeln, um die Baumrinde zu imitieren (nicht an den Enden, dort soll man die »Maserung« sehen). Über Nacht kühl stellen, jedoch nicht in den Kühlschrank. Am nächsten Tag darf die Bûche gekostet werden.

In der Wintersonne

Es gibt Tage im Winter, regelrechte Glückstage, an denen der Mistral urplötzlich schweigt, nachdem er sich tagelang überall im Land ausgetobt hat. In jedes Gäßchen, durch jede Ritze, unter jede Tür ist er hindurchgefegt und hat mit seinem eiskalten Atem geblasen. Doch von einem Augenblick zum anderen rührt sich nichts mehr, die Sonne strahlt seit dem frühen Morgen, ihr gehört die Welt, sie hat gesiegt. Solch ein Geschenk des Himmels muß man ausnützen.

Das Mauerwerk des Gartenpavillons im Schloßpark von Bidaine, auf dem sich erstaunlicherweise, trotz der verflossenen Jahrhunderte, noch eine Spur Ockerfarbe hartnäckig hält, beginnt in der klaren Wintersonne intensiv zu leuchten. Noch magischer wirkt das Licht innen im großen gelben Salon. Von hier aus schweift der Blick zur südlich gelegenen Gartenanlage mit den Wasserbassins, nach Osten zum Obstgarten und zu den Blumenbeeten und nach Norden zu den beschnittenen Buchsbaumhecken. Sieben hohe Fenster, umrahmt von safrangelben gerafften chinesischen Seidengardinen, öffnen sich zum Park. Eine ausnehmend lange, weichgepolsterte Sitzbank, einige Sessel, kleine Beistelltischchen und ein Cembalo laden zu vergnügten Mußestunden ein unter dem wohlwollenden Blick zweier Mandarine aus bemaltem Ton, die hier schon recht lange zu residieren scheinen.

Wie wäre es, in diesem großen gelben Salon zu speisen? Nicht an einer fein gedeckten Tafel, eher wie bei einem Picknick. Wie im Sommer würden wir die sieben Fenster des Raumes weit öffnen. Wir würden im Fett ausgebackene »Oreillettes« zubereiten, dazu Dörrobstkompott oder auch eine Honigkuchencreme. Wir würden einen Muscat de Beaumes-de-Venise trinken. Wir würden eine Eiersuppe essen oder gefüllte Eier und einen Geschmorten Rinderbraten mit Karotten. Wäre das nicht herrlich? Wir könnten uns sogar verkleiden, mit Reifröcken und bestickten Seidenwesten, und Ted würde uns auf dem Cembalo aufspielen …

Fleisch-Lerchen

So kam es, daß wir an jenem Tag im Februar in Kostümen des 18. Jahrhunderts bei strahlender Sonne im gelben Salon ein Picknick veranstalteten …

LA SOUPE À L'ŒUF

Eiersuppe

Früher fingen alle Mahlzeiten mit einer Suppe an, ja häufig war die Suppe sogar der einzige und wirklich reichliche Gang.

Alle diese Suppen hatten eines gemeinsam: die dicke Scheibe Röstbrot, das mit Knoblauch eingerieben und mit geraspeltem Käse bestreut wurde, der in der heißen Brühe schmolz. Es kommt in die Fischsuppe wie in die Linsensuppe, in die Bouillabaisse aus Stockfisch wie in die Eiersuppe.

IN DER KÜCHE: Für die Eiersuppe beginnt man wie beim Aïgo boulido. Sie erinnern sich doch an den Weihnachtsabend: Sie ließen Salzwasser mit ungeschälten, etwas zerdrückten Knoblauchzehen etwa zehn Minuten kochen, gaben Thymian, Lorbeer und Salbei dazu, stellten das Feuer ab und ließen die Suppe bei geschlossenem Topf ziehen. Die passierte Brühe mußte nochmals erwärmt werden. Jetzt kommt noch etwas Aïoli hinzu (Rezept S. 184), das Sie in der Suppenterrine mit dem Aïgo boulido verrühren. Wie immer wird die Suppe mit geröstetem Knoblauchbrot und geriebenem Käse serviert. Soweit das traditionelle Rezept. Bei uns zu Hause wurde aus jeder beliebigen Bouillon durch Zugabe von Aïoli eine Eiersuppe gemacht, aus Hühner-, Rinds- oder Gemüsebouillon. Probieren Sie es, Sie werden sehen, es schmeckt ausgezeichnet!

LA BROUILLADE AUX TRUFFES

Rührei mit Trüffeln

WEIN: Hermitage (weiß)

Am Vortag raspeln Sie den oder die Trüffel(n) ganz fein, legen sie in ein Schälchen und bedecken sie mit kaltgepreßtem Olivenöl. Sie verquirlen die Eier, fügen das Öl mit den Trüffeln, Salz und Pfeffer hinzu und gießen alles in einen Topf, den Sie ins Wasserbad stellen. Unter ständigem Rühren zwanzig Minuten andicken. Gegen Ende hin müssen Sie aufpassen, denn die Masse muß die Konsistenz einer Creme haben. Wenn es soweit ist, nehmen Sie den Topf aus dem Wasser, ziehen einen reichlichen EL dicke Crème fraîche unter und richten das Rührei sofort auf einer vorgewärmten Platte an, sonst wird es noch fester. Ein Gericht, das etwas umständlich in der Zubereitung ist, aber glauben Sie mir – es lohnt sich! Reichen Sie dazu Feldsalat.

LES ŒUFS FARCIS

Gefüllte Eier

Die weißen Hälften hartgekochter Eier (je zwei pro Person) mit der Öffnung nach oben in einer Auflaufform anordnen; das Eigelb zurückbehalten. Schmoren Sie auf kleiner Flamme zwei fein gehackte Zwiebeln in Butter und Olivenöl an, ohne daß sie Farbe annehmen. Waschen Sie daneben 500 g Spinat und entfernen Sie Stiele und dicke Blattadern. Drei Minuten blanchieren und sorgfältig abtropfen lassen. Die Spinatblätter grob hacken und mit den angeschmorten Zwiebeln, dem Eigelb, etwas Milch, Salz und Pfeffer vermischen. Diese Farce füllen Sie in die Eiweißhälften, streuen geraspelten Gruyère darüber und überziehen alles mit einer leichten Béchamelsauce. Im heißen Ofen eine Viertelstunde gratinieren.

LE TIAN D'ÉPINARDS AUX SARDINES

Spinatgratin mit Sardinen

Den Spinat waschen und verlesen, Stiele und dicke Blattadern entfernen, fünf Minuten in siedendem Wasser blanchieren und in ein Sieb zum Abtropfen geben. In einer großen Pfanne in wenig Olivenöl eine gehackte Zwiebel goldbraun anbraten. Den grobgehackten Spinat und zwei zerdrückte Knoblauchzehen dazugeben, alles mit einem EL Mehl bestäuben. Etwas heiße Milch darübergießen, salzen und pfeffern und kurz aufkochen lassen. Nun füllen Sie den Spinat in eine Auflaufform. Zwanzig Sardinen waschen, die Köpfe entfernen, ausnehmen und entgräten. Die Fische auf dem Spinat verteilen, alles mit geriebenem Gruyère oder mit Semmelbröseln bestreuen. Mit Olivenöl beträufeln und eine Viertelstunde im heißen Ofen gratinieren.

WEIN: Côtes de Provence (weiß)

Le tian de pommes de terre aux épinards

Kartoffelgratin mit Spinat

Ich weiß nicht mehr, woher dieses Rezept stammt – aus der Franche-Comté, aus dem Elsaß, oder ist es eine Kreation meiner Mutter? Wie auch immer, es war in meiner Kindheit einer meiner Lieblingsgratins – ich gebe das Rezept so weiter, wie es mir meine Mutter beigebracht hat: Man schält ein Kilo Kartoffeln und schneidet sie in dicke Scheiben. In kaltem Wasser aufsetzen und zum Kochen bringen, anschließend den Herd ausschalten. Die Kartoffelscheiben werden mit einem Schaumlöffel aus dem Wasser geschöpft und in eine Auflaufform geschichtet; darüber kommen kleine Würfel durchwachsener Speck und zwei in feine Scheiben geschnittene Zwiebeln. Alles wird mit 500 g blanchiertem Blattspinat bedeckt. Man gießt bis zur Höhe des Spinats gesalzene und gepfefferte kochende Milch hinzu und läßt das Gratin eine dreiviertel Stunde bei mittlerer Hitze im Ofen backen.

La daube d'Avignon

Lammschmortopf

Wein: Châteauneuf-du-Pape (weiß)

Traditionell wird diese Daube in einem dickwandigen runden glasierten Tontopf zubereitet, der »daubière«. Altehrwürdige Daube-Töpfe haben im Laufe der Jahre Patina angesetzt und sind schon überall angeschlagen vom ewigen Herumschieben auf der Feuerstelle, wo sie ganze Tage leise vor sich hin schmurgelten. Ich benütze noch heute einen dieser glasierten Tontöpfe mit Deckel, wobei meiner nicht sehr hoch ist, damit er in den Backofen paßt. Der Deckel muß ein winziges Loch haben, damit etwas Dampfdruck entweichen kann. Ich mache mir immer einen kleinen Teigrand, der lediglich aus Mehl und Wasser besteht: damit läßt sich der Topf luftdicht verschließen. Geschmort wird im Ofen bei schwacher Hitze, so hält sich im Inneren dieses »Sarkophags« der ganze Wohlgeschmack.

Alle Schmorgerichte eignen sich vorzüglich für diese Garmethode, aber genauso gut gelingen sie auf dem Herd in einem gußeisernen Topf.

In der Küche: Legen Sie in Ihre Daubière eine schöne Lammkeule, die Sie zuvor entbeint und in Stücke geschnitten haben. Geben Sie die Knochen, grob gewürfelten Speck, zwei gehackte Zwiebeln, zwei in Scheiben geschnittene Karotten, zehn ungeschälte Knoblauchzehen, ein Lorbeerblatt, drei getrocknete Orangenschalen, eine Messerspitze Muskat, Salz, Pfeffer und eine halbe Flasche weißen Châteauneuf-du-Pape dazu. Das alles soll sechs Stunden marinieren, bevor Sie es bei sanfter Hitze zweieinhalb Stunden schmoren. Entfernen Sie den Knochen und servieren Sie das Fleisch im Schmortopf.

LE BŒUF BRAISÉ AUX CAROTTES

Geschmorter Rinderbraten mit Karotten

Lassen Sie sich vom Metzger eineinhalb Kilo gespickten Rinderbraten vorbereiten. Schneiden Sie ein Stück durchwachsenen Speck in grobe Würfel und geben ihn mit etwas Olivenöl und Butter in den Brattopf. Sobald alles stark erhitzt ist, bräunen Sie das Fleisch rundum gut an. Löschen Sie mit einem Glas trockenen Weißwein ab, und lassen Sie die Flüssigkeit etwas einziehen, ehe Sie den Topf verschließen und die Temperatur herunterschalten. Nach einer Stunde fügen Sie ein Kilo in Scheiben geschnittene Karotten, zwei gehackte Zwiebeln, eine kleingeschnittene Stange Sellerie und eine fein gehackte Knoblauchzehe hinzu. Je nach Jahreszeit können Sie noch eine geschälte Tomate, keinesfalls aber Tomatenpüree, hinzugeben. Das Ganze muß nochmals bei geschlossenem Deckel drei Stunden schmoren. Kurz vor Ende der Garzeit können noch gedämpfte Morcheln oder schwarze Oliven hineingegeben werden.

WEIN: Lirac (rot)

Der große gelbe Salon im Schlößchen von Bidaine (folgende Doppelseite)

LA BROUFFADE DES MARINIERS DU RHÔNE

Marinierter Rinderschmortopf mit Kapern

Dies ist ein sehr altes Rezept für einen Rinderschmortopf mit Sardellen und Kapern, das seit eh und je überall entlang der Rhône, von Arles bis Lyon, bekannt ist. Sie brauchen dazu einen irdenen glasierten Schmortopf, der in Ihren Ofen paßt, und eine große Schüssel für die Marinade.

WEIN: Laudun (weiß)

Am Abend zuvor schneiden Sie eineinhalb Kilo Rindfleisch (aus der Nuß oder aus der Schulter) zum Schmoren in feine Streifen. Marinieren Sie das Fleisch über Nacht in vier Eßlöffeln Olivenöl, zwei Lorbeerblättern, sechs zerdrückten Knoblauchzehen, zwei Nelken und einer Messerspitze Muskat.

Am nächsten Morgen nehmen Sie das Fleisch aus der Marinade, schneiden drei Zwiebeln in feine Ringe und geben Sie mit 100 g abgetropften Kapern und etwa zehn gehackten Cornichons zu den sechs Knoblauchzehen der Marinade.

Verrühren und zerdrücken Sie im Mörser sechs schöne Anchovisfilets zusammen mit einem EL Weinessig und dem Öl der Marinade. Reichlich salzen und pfeffern und die Anchovisstreifen unter die Sauce mischen.

Schichten Sie in den Tontopf abwechselnd eine Schicht Zwiebeln, Knoblauch und Kapern, eine Schicht Fleisch und wiederum eine Schicht Zwiebeln, und so fort. Zwei Glas Wasser angießen. Topf und Deckel hermetisch mit einem Teigrand aus Mehl und Wasser verschließen und alles in drei Stunden bei mäßiger Hitze im Ofen schmoren lassen. (Anfangs bis zum Kochen bei hoher Temperatur, später dann zurückschalten.)

Les alouettes sans tête

Fleisch-Lerchen

Lassen Sie sich vom Metzger dünne, etwa 5 auf 8 cm große Rouladenscheiben aus der Kalbsnuß schneiden. Belegen Sie jede Scheibe mit einem Würfel Schinkenspeck und einem TL feingehackter Knoblauch-Petersilie-Mischung. Zu Rouladen rollen und mit Küchengarn umwickeln. Fertig sind die »Lerchen«.

Geben Sie in eine Eisenpfanne etwas Olivenöl, eine gehackte Zwiebel und eine in feine Scheiben geschnittene Karotte und betten Sie darauf die Lerchen. Bei niedriger Temperatur anschmoren. Sobald der Fond anzusetzen beginnt, mit einem Glas trockenen Weißwein ablöschen und nach einer Weile zwei Glas Fleischbouillon, ein Lorbeerblatt, ein Thymianzweiglein, ein Stück getrocknete Orangenschale, zwei ungeschälte Knoblauchzehen und das Fleisch von zwei reifen Tomaten (kein Püree) hinzufügen. Den Deckel auflegen und zwei Stunden ganz sachte schmoren lassen.

Wein: Lirac (rot)

La compote de fenouil de marraine Lilou

Fenchelpüree

Zerhacken Sie einige Fenchelknollen und etwa die gleiche Menge Zwiebeln ganz fein zu einer Julienne. Lassen Sie die Zwiebeln in einer kleinen Bratpfanne oder im Schmortopf in etwas Olivenöl glasig werden, fügen Sie den feingehackten Fenchel mit einem Tropfen Wasser, einer Prise Salz, frisch gemahlenem Pfeffer aus der Mühle und zwei TL süßem Paprikapulver hinzu. Alles gut vermischen, den Deckel des Topfes auflegen und zwanzig Minuten schmoren lassen. Servieren Sie das köstliche Mus heiß mit Selleriepüree als Beilage zu einem Rinderbraten.

LA COMPOTE D'ENDIVES

Geschmorter Chicorée

Waschen Sie den Chicorée nicht, aber reiben Sie ihn sauber, entfernen Sie den bitteren Kern und schneiden Sie ihn in feine Ringe. In einer großen Pfanne in Butter anschwitzen, bräunen lassen und mit einer Messerspitze Salz, zwei Umdrehungen aus der Pfeffermühle und einem EL Zucker würzen. Den Deckel auflegen, die Hitze reduzieren und zwanzig Minuten schmoren lassen. Kurz vor dem Auftragen noch etwas Zitronensaft und zwei EL Crème fraîche über das Gemüse geben.

Geschmorter Chicorée paßt hervorragend zu Kalbsbraten oder gegrilltem Fisch.

LA PURÉE DE POIREAUX POMMES DE TERRE

Kartoffelpüree mit Lauch

500 g Lauch waschen und die weißen Stangen in ein Zentimeter große Stücke schneiden. Diese werden zwanzig Minuten lang in kochendem Salzwasser blanchiert.

Inzwischen schälen Sie ein Kilo Kartoffeln und kochen sie in Salzwasser gar, bis sie sich mit der Gabel leicht einstechen lassen. Abgießen und mit der Kartoffelpresse oder der Gemüsemühle pürieren. Nach und nach heiße Milch hinzugeben, damit das Püree geschmeidig wird, aber nicht zuviel, sonst haben Sie Suppe.

Nun heben Sie den abgetropften Lauch unter und würzen mit einem größeren Stück Butter, mit Pfeffer und etwas geriebenem Muskat. Abschmecken und, falls überhaupt nötig, nachsalzen. Zu gebratenem Geflügel servieren.

LA PURÉE DE CÉLERI

Selleriepüree

700 g Kartoffeln werden gewaschen und geschält. Desgleichen ein oder zwei Sellerieknollen. Schneiden Sie alles in große Stücke und kochen Sie das Gemüse in Salzwasser gar. Abgießen und mit dem Pürierstab zerkleinern. Fügen Sie einen Becher Crème fraîche und so viel heiße Milch hinzu, bis das Püree locker und geschmeidig ist. Mit Pfeffer und, wenn nötig, Salz abschmecken.

Zu Rind- oder Hammelfleisch oder zu Wildbret reichen.

LE RIZ AU LAIT DE ROSETTE

Rosettes Milchreis

Diese Süßspeise ist ganz einfach: Alles, was Sie brauchen, ist ein Liter frische rohe Vollmilch, fünf gestrichene EL runden Camargue-Reis, sechzehn Stück Würfelzucker, eine Vanillestange und ein nußgroßes Stück Butter. Nun geben Sie diese fünf Zutaten zusammen in einen Kochtopf, und erhitzen Sie die Mischung. Gut umrühren! Ist die Milch heiß, gießen Sie alles in eine Auflaufform. Lassen Sie den Reis mindestens zwei Stunden bei niedriger Temperatur im Backofen garen.

Das Geheimnis des Erfolgs liegt im ganz langsamen Garvorgang. Der Milchreis sollte am Ende leicht gebräunt sein und dabei so cremig bleiben wie jener köstliche Milchbrei, den man in Argentinien macht.

LA SALADE D'ORANGES AU CARAMEL D'EDITH

Karamelisierter Orangensalat

Meine Freundin Edith kann nicht nur wunderbar kochen, sie stickt auch wunderschön. Sogar ihr Orangensalat bekommt jedesmal ein Spitzendeckchen – gestickt mit einem hauchdünnen Faden aus Karamel. Hinreißend!

IN DER KÜCHE: Schälen Sie sieben schöne Orangen und schneiden Sie das Fruchtfleisch in runde Scheiben. Legen Sie diese in eine Dessertschale. Nun kochen Sie einen Karamel aus fünfundzwanzig Zuckerstückchen und ganz wenig Wasser (Rezept S. 41). Sobald der Zucker kastanienbraun ist, ziehen Sie den Topf vom Feuer und gießen ein paar Tropfen kaltes Wasser dazu, um den Bräunungsvorgang zu stoppen. Warten Sie noch einen Augenblick, bis sich die Konsistenz etwas verfestigt, aber nicht zu lange, sonst erstarrt der Karamel. Sobald er sirupartig ist, gießen Sie ihn schleifenförmig über die Orangen. Die Kunst ist, den Topf hoch genug über die Dessertschale zu halten – wie es etwa ein Marokkaner machen würde, wenn er Pfefferminztee eingießt –, damit der Karamel beim Fließen Zeit hat, abzukühlen und etwas fester zu werden. Mit ein wenig Übung und Geschick wird es Ihnen sicher gelingen, mit dem Karamelfaden ein schönes Muster zustande zu bringen. Warten Sie nicht zu lange mit dem Servieren, sonst löst sich der Karamel im Orangensaft auf.

Les oreillettes de madame Pavan

Fettgebackene Ohrmüschelchen

Theresa Pavan ist Italienerin und war im Schloß von Ansouis sowohl Köchin als auch Freundin der Gräfin de Sabran-Pontevès. Ihre »Oreillettes« waren, neben anderen Köstlichkeiten, einfach unübertrefflich, und weil sie genau wußte wie sehr ich sie liebte, bekam ich jeden Faschingsdienstag einen ganzen Korb davon. Hier ihr Rezept:

In der Küche: Kneten Sie in einer großen Schüssel folgende Zutaten zu einem geschmeidigen Teig zusammen: 500 g Mehl, 150 g Zucker, eine Prise Salz, einen EL Orangenblütenwasser, ein kleines Stück weiche Butter, vier Eigelb und ein Glas Milch. Formen Sie eine Teigkugel und stellen Sie diese gut zwei Stunden kühl. Falls Sie eine Nudelmaschine besitzen, walzen Sie den Teig in der Stärke von Lasagne-Blättern aus. Wenn nicht, rollen Sie ihn mit dem Nudelholz auf zwei Millimeter Dicke aus. Schneiden Sie Rechtecke von fünfzehn auf sieben Zentimeter aus, und kerben Sie in die Mitte einen Schlitz. Die Oreillettes werden in einer großen Friteuse in Erdnußöl ausgebacken. Sobald sie goldbraun sind, nimmt man sie heraus und legt sie auf Küchenpapier. Dann werden sie mit Puderzucker überstäubt. Früher hätte man sie in Olivenöl ausgebacken. Ich habe es ausprobiert und finde, daß es zwar gut, aber doch längst nicht so fein schmeckt.

LA COMPOTE DE FRUITS SECS DE VÉRONIQUE L.

Dörrobstkompott à la Véronique L.

WEIN: Côtes du Rhône, Rasteau (süß)

Wenn ich an Véronique denke, sehe ich sie immer wie einem Gemälde von Watteau entstiegen: ein Wirbelwind in fliegenden Röcken, der prustend vor Lachen rechts etwas anbietet und gleichzeitig links eine getrocknete Aprikose spitzbübisch in eine Honigkuchencreme tunkt.

IN DER KÜCHE: Geben Sie 300 g entkernte Dörrpflaumen, 300 g entsteinte Datteln und 300 g getrocknete Aprikosen in eine Kasserolle. Gießen Sie 0,2 l Tee dazu, außerdem den Saft und die abgeriebene Schale von zwei Orangen, eine Prise Zimt und vier EL Honig. Den Topf zudecken und bei niedriger Hitze fünfzehn Minuten kochen lassen. Danach den Topf vom Herd ziehen und 300 g Pinienkerne dazugeben.

Füllen Sie das Kompott in eine hübsche Dessertschale, und warten Sie einige Stunden, ehe Sie es zusammen mit Honigeis oder, noch besser, mit einer Honigkuchencreme servieren.

LA CRÈME AU PAIN D'ÉPICE DE VÉRONIQUE L.

Honigkuchencreme

50 g Sultaninen waschen und zum Aufquellen zehn Minuten in kochendheißem Wasser ziehen lassen. Kochen Sie in einem Topf $^1/_4$ l Milch, 0,4 l süße Sahne und eine aufgeschnittene Vanillestange langsam auf, und lassen Sie das Ganze einige Minuten ziehen. In einer großen Schüssel verrühren Sie nun einen EL Honig mit zwei Eigelb und einem TL Anis. Die heiße Milch darübergießen und gut verrühren. In den Kochtopf zurückgießen und auf kleiner Flamme eindicken lassen. Dabei ständig mit dem Schneebesen oder einem Holzlöffel umrühren. Zerbröseln Sie in einer Dessertschale 400 g guten Honigkuchen, übergießen Sie ihn mit der kochend heißen Masse, und schlagen Sie alles mit dem Schneebesen zu einer glatten Creme. Zum Schluß geben Sie die in Küchenpapier trocken getupften Rosinen darüber. Abkühlen lassen und für etwa drei Stunden in den Kühlschrank stellen.

Dörrobstkompott und Honigkuchencreme

Ein Frühlingsessen

Seit alters her gehört zu einem richtigen Osteressen unbedingt ein Lamm. Früher, als man noch die großen, offenen Kamine hatte, wurde das Lamm dort im Ganzen am Spieß gebraten – es war noch ein richtiges »Osterlamm«. Heute begnügt man sich häufig mit einer Lammkeule. Aber es bleibt dabei, die beste Zubereitungsart sind immer noch Spieß und Holzfeuer.

Man muß dazu im Kamin, der mit Eichenholzscheiten beheizt wurde, eine kräftige Glut schüren und davor einen dieser antiken Bratspieße installieren, an dem sich das Fleisch langsam vor den Flammen dreht. Diese Drehspieße haben einen ganz einfachen Mechanismus und funktionieren meistens noch recht gut. Spießen Sie also Ihre Lammkeule auf den Spieß, ohne sie vorher mit Knoblauch oder mit Anchovis zu spicken; durch die Einschnitte würde sie zuviel Saft verlieren. Aus dem gleichen Grund darf erst ganz zum Schluß gesalzen werden. Und kurz vor dem Salzen müssen Sie sie noch »flambieren«. Wie, das will ich Ihnen mit einer hübschen Geschichte erzählen, der Geschichte von den Krammetsvögeln am Spieß.

Die Geschichte spielt im Winter, an einem schönen Kaminfeuer in Vinsobres, einem Ort auf der Grenze zwischen Drôme und Vaucluse. Die Männer hatten Krammetsvögel erlegt. Die Frauen hatten ihnen die Füße abgeschnitten, sie gerupft und über eine Flamme gehalten, um den letzten Flaum abzusengen. Inzwischen hatten die Männer das Feuer vorbereitet und die Vögel auf den Spieß gereiht, die »Schwänzchen in die Höh«, die Köpfe nach außen abstehend, »denn weißt du«, meinte Jeannot, »wenn die sich drehen, tropft es, und wenn es tropft, fließt es am Schnabel entlang und vom Schnabel direkt auf die Brotschnitte«. Die Brotschnitte, das waren riesige dicke Brotscheiben, die in der Fettpfanne bereit lagen. Auf dem Spieß also waren die Krammetsvögel mit ausgestreckten Köpfen aufgespießt, dazwischen aber steckte immer wieder ein ordentliches Stück Speck, »denn«, fuhr Jeannot fort, »da ist

Zurück vom Markt

immer mal wieder einer, der auf die Krammetsvögel gar nicht scharf ist, dann gibt's schon keine Verschwendung!« Noch ein wenig gesalzen und gepfeffert, und dann mußte man nur noch dafür sorgen, daß das Feuer drei Stunden hindurch brannte und daß von Zeit zu Zeit die Brotschnitten zurechtgerückt wurden. Alle schauten zu, wie sich der Spieß langsam drehte und warteten auf das Flambieren. Dazu braucht man einen »cornet«, eine Art hohlen Metallkegel mit einem angeschmiedeten Griff. Dieser wird ins Feuer gestellt, bis er rot glüht. Wenn nun die Vögel fast fertig gebraten sind, steckt man auf den glühenden Kegel ein Stück alten, schon etwas ranzigen Speck. Der fängt sofort Feuer und prasselt als herrlicher Flammenregen voller Fettropfen auf den Spieß nieder. Kaum ist dieses packende Schauspiel zu Ende, streift man die Vögel auf die Brotschnitten ab, und Sie können es sich ja denken: Es bleibt nichts übrig, nur »Schnäbel und Schrot«.

WEIN: Vinsobres (rot) oder Côte Rôtie

Aber wir haben Frühling, im Garten ist der Tisch gedeckt, und außer der Lammkeule habe ich für Sie noch einen wunderschönen grünen Salat vorgesehen, dazu Spargel à la Lauris mit einem ganz einfachen »Sößchen«, außerdem Morcheln mit Bratwürstchen, all das herrliche Frühlingsgemüse aus dem Gemüsegarten, eine himmlische Erdbeertorte und ganz besondere Akazienblüten-Beignets.

LES ASPERGES DE LAURIS AUX TRUFFES

Spargel mit Trüffeln

Wie für das Rührei mit Trüffeln (Rezept S. 78) müssen Sie am Tag zuvor die Trüffeln fein raspeln und eine Nacht lang in einem Glas Olivenöl marinieren lassen. Am nächsten Tag fügen Sie erst unmittelbar vor dem Servieren etwas Salz, Pfeffer und einen kleinen Schuß Essig hinzu. Und schon haben Sie eine wunderbare Sauce zu Spargel à la Lauris.

Wählen Sie auf dem Markt dicke weiße Spargelstangen mit grün-violetten Köpfen aus, und achten Sie beim Schälen darauf, daß Sie die Köpfe nicht beschädigen. Lassen Sie sie gut fünfzehn Minuten in Salzwasser kochen, falls sie sehr dick sind, eventuell entsprechend länger. Aber Vorsicht, der Spargel sollte auf keinen Fall zu weich werden, eher noch ein wenig knackig sein. Servieren Sie ihn warm mit der Trüffel-Vinaigrette.

LES ASPERGES SAUVAGES EN OMELETTE

Omelette mit wildem Spargel

Den wilden Spargel findet man zu Frühlingsbeginn unter Büschen und in den Weinbergen. Er bildet lange, gebogene dünne Stangen, von welchen man nur die oberen zwanzig Zentimeter verwendet. Sie blanchieren sie etwa 10 Minuten in kochendem Salzwasser und geben sie in ein Sieb. Trennen Sie eventuell noch harte Enden ab, und schneiden Sie den Rest in zehn Zentimeter lange Stücke. Geben Sie etwas Olivenöl in die Pfanne und schmoren Sie die Spargelstangen auf kleiner Flamme zehn Minuten goldgelb an, dann fügen Sie die mit Salz und Pfeffer verquirlten Eier hinzu und streuen geriebenen holländischen Käse (»rouge«) darüber.

Lassen Sie das Omelette stocken, und lösen Sie es mit dem Holzschaber ein wenig vom Pfannenboden. Wenden Sie es mit einem »Omelette-Wender«, und backen Sie es von der anderen Seite. Das »Vire-Omelette«, der Omelette-Wender, ist ein in der Provence häufig verwendetes, äußerst praktisches Küchenutensil aus glasiertem Ton. Wenn Sie keinen haben, tut es auch ein Topfdeckel.

LA SALADE VERTE

Grüner Salat

In der Provence ist es Sitte, das Mittagessen mit einem grünen Salat zu beginnen. Seit jeher wird er mit einer Olivenöl-Vinaigrette angemacht, die sich an die schöne Regel hält: Essig wie ein Geizhals, Pfeffer und Salz wie ein Weiser, Öl wie ein Verschwender und Rühren wie ein Verrückter.

IN DER KÜCHE: Feldsalat, der in der Provence »Doucette« heißt, wird mit zwei in hauchdünne Scheibchen geschnittenen, in Olivenöl angedünsteten Zwiebeln angemacht.

Chicorée mischen Sie mit kleinen Knoblauch-Croûtons, eventuell auch mit einigen zarten Selleriestängelchen.

Für Löwenzahnsalat oder auch für Salat aus Wildkräutern – die man häufig auch auf dem Markt findet – fügen Sie Ihrer Vinaigrette zwei bis drei zerdrückte Anchovis-Filets und eine Knoblauchzehe hinzu.

Für römischen Salat oder Kopfsalat-Herzen wiegen Sie einige Schalotten oder junge Zwiebeln sehr fein und fügen hartgekochte Eierscheiben hinzu.

Rucola-Salat schießlich machen Sie mit ein paar hauchdünnen Raspeln vom Banon-Chèvre (Ziegenkäse) an und ersetzen den Essig durch Zitronensaft. Auch feingehobelter Parmesan paßt vorzüglich zu diesem Salat.

Römischer Salat und Kopfsalatherzen

Im Landhaus »Miréo« bei Jacques Grange (folgende Doppelseite)

La salade de petits violets de Villelaure

Salat von kleinen Villelaure-Artischocken

Hier ein weiterer Frühlingssalat, der zwar etwas bitter, aber trotzdem ausgesprochen delikat ist: Putzen Sie einige ganz junge violette Artischocken aus Villelaure und schneiden Sie sie in feine Streifen. Sofort mit Zitronensaft beträufeln und gut durchmischen, mit Olivenöl, Salz und Pfeffer abschmecken, fertig. Er schmeckt köstlich!

L'omelette aux artichauts

Artischocken-Omelett

Auch hierzu nehmen Sie kleine violette Artischocken. Entfernen Sie die harten Blätter, den Stiel und das Heu. (Die jungen haben noch kaum welches.) Schneiden Sie die Artischocken in feinste Streifen und lassen Sie sie in einer Pfanne mit Olivenöl auf kleiner Flamme goldbraun werden. Sobald sie eine schöne Farbe haben, machen Sie weiter wie beim oben beschriebenen Omelett mit wildem Spargel.

Les ravioles comme à la maison

Hausgemachte provenzalische Raviolen

Die »Raviolen«, die ich hier meine, sind eigentlich große Ravioli, dick gefüllte Teigtaschen, die in Salzwasser gegart werden. Sie haben nichts gemein mit den kleinen italienischen Ravioli, dieser köstlichen Liliput-Version, die man normalerweise als Vorspeise reicht, und die ich persönlich am liebsten knusprig in der Pfanne fritiert zum Aperitif knabbere (Rezept S. 127).

In der Küche: Beginnen Sie mit dem Nudelteig: 500 g Mehl auf ein Backbrett sieben, in die Mitte fünf Eier schlagen. Eine reichliche Prise Salz und drei EL Olivenöl zugeben, mit den Fingern vermengen und so lange kneten, bis der Teig glatt und fest ist. Zur Kugel rollen und eine gute Stunde ruhen lassen.

Inzwischen kümmern wir uns um die Füllung, und ich möchte drei köstliche Varianten vorschlagen, alle drei mit Blattspinat, den man fünf Minuten in kochendem Salzwasser blanchiert, gut abtropfen läßt und hackt.

Zuerst die klassische Art: Die Raviolen mit Fleischfarce. Man verwendet dazu einen Rest Schmorbraten oder Rindfleisch vom Pot-au-feu (300 g), das unter die gleiche Menge Spinat gemischt wird. Hacken Sie das Fleisch sehr fein, mischen Sie ein bis zwei gehackte, in Olivenöl angebräunte Zwiebeln unter, fügen Sie der Farce noch drei Eigelb hinzu und würzen Sie nach.

Ein weiterer Klassiker sind die Raviolen mit Brousse-Käse, der dem Ricotta ähnelt. Vermischen Sie 300 g Brousse mit 100 g geriebenem Gruyère und drei Eigelb. Auch hier 300 g Spinat dazugeben und nachwürzen.

Schließlich noch ein originelles Rezept, das ich besonders mag: Die Raviolen mit Muscheln: Garen Sie in kochendem Salzwasser einen Maiskolben, lassen Sie ihn abtropfen, lösen Sie die Körner heraus. In den Mixer geben und pürieren. Inzwischen werden gründlich gereinigte Muscheln mit einer gehackten Knoblauchzehe und einem Schuß Olivenöl in Wasser aufgekocht, bis sie sich öffnen. Lösen Sie das Muschelfleisch heraus. Es wird mit 300 g gehacktem Spinat, dem Maispürée und drei Eigelb vermischt. Würzen Sie nach Belieben. Nun schlage ich Ihnen vor, sich die Nudelmaschine aufzubauen, es ist so viel bequemer! Sonst müssen Sie den Teig mit dem Nudelholz auf einer bemehlten Fläche hauchdünn ausrollen. Die Teigblätter werden in 7 cm große Quadrate geschnitten. Die Hälfte dieser Teigquadrate belegen Sie in der Mitte mit einem Häufchen Farce Ihrer Wahl und bedecken sie mit der anderen Hälfte der Quadrate. Drücken Sie den Teig rings um die Farce mit den Fingern an, damit die Ränder sich fest verbinden. Bringen Sie in einem großen Topf Wasser zum Kochen. Setzen Sie Salz und einen EL Olivenöl zu. Geben Sie die Raviolen in das kochende Wasser und schöpfen Sie sie, sobald sie an die Oberfläche kommen, mit dem Schaumlöffel heraus. Sie sollten Sie sofort, mit einem feinen Strahl Olivenöl beträufelt, auftragen. Eine würzigere Sauce würde ihren delikaten Eigengeschmack übertönen.

Le gigot de l'agneau à la crème d'ail

Lammkeule in Knoblauchmus

Wein: Côtes du Luberon (rot)

Braten Sie Ihre Lammkeule entweder am Spieß oder aber im Backofen, dann allerdings sollte sie leicht mit Öl bestrichen werden. Rechnen Sie pro Pfund Fleisch mit zwanzig Minuten Bratzeit.

Kochen Sie unterdessen in einem kleinen Topf in sprudelndem Wasser zehn ungeschälte Knoblauchknollen. Schütten Sie nach zehn Minuten Kochzeit das Kochwasser weg, ersetzen Sie es durch frisches kochendes Wasser und lassen Sie den Knoblauch weitere zehn Minuten kochen. Ziehen Sie dann die Haut der Knoblauchzehen ab und zerdrücken Sie sie zu Mus.

Wenn die Keule gar ist, wird sie gesalzen und der Bratfond in der Pfanne mit etwas kochendem Wasser abgelöscht. Fügen Sie diesem Bratensaft das Knoblauchmus hinzu. Reichen Sie die Sauce in der Sauciere zur in Scheiben geschnittenen Keule.

Le gigot de chevreau à l'anchois

Keule vom Zicklein mit Anchovis

Wein: Côtes du Luberon (rot)

Ebenfalls um die Osterzeit herum läßt sich besonders gutes Zickleinfleisch finden. Zicklein schmeckt nur gebraten gut und verlangt intensiveres Würzen als Lamm.

Wie das Lamm sollten Sie es am Spieß oder im Backofen braten. Geben Sie in die Bratpfanne rund um die Keule einige Zitronenscheiben, etwa zehn ungeschälte Knoblauchzehen, ebensoviele Anchovis-Filets, ein Glas Wasser und einige Speckwürfel. Bei starker Hitze braten, wobei wieder mit zwanzig Minuten Garzeit pro Pfund gerechnet werden muß. Öfters begießen und wenden. Gesalzen wird erst zum Schluß. Gießen Sie, wenn nötig, dann und wann etwas Wasser zu. Nach dem Braten entfernen Sie die Zitronenscheiben aus der Pfanne und schälen Sie die Knoblauchzehen. Löschen Sie den Bratfond mit wenig kochendem Wasser, zerdrücken Sie die Knoblauchzehen und die Anchovis im Bratensaft und servieren Sie diesen zum Braten.

La marmite de petits légumes

Frühlingsgemüsetopf

Sind Sie jemals an einem schönen Frühlingsmorgen, einen großen Weidenkorb am Arm, über den herrlichen Markt von Isle-sur-la-Sorgue gebummelt? Sie müssen mir einfach ein wenig Lokalpatriotismus gestatten, und die Märkte von Carpentras und von Saint-Rémy mögen es mir verzeihen, selbstverständlich sind alle provenzalischen Märkte herrlich. Zu dieser Jahreszeit dringt die Sonne mit ihrem strahlenden Licht noch überall hindurch, obwohl sich an den Bäumen schon das erste Grün zeigt, die Luft ist lind und frisch, und die Verkaufsstände der Gemüsebauern quellen über von den schönsten Salaten und jungen Gemüsen. Alles sieht so appetitlich, so zart, so grün aus, daß man gar nicht mehr weiß, was man nehmen soll: Bohnen oder Karotten oder die winzigen violetten Artischocken, die von der Pflanze abgepflückt wurden, damit die übrigen besser wachsen, die hauchzarten Zuckerschoten, die kleinen schneeweißen runden Zwiebelchen? Zögern Sie nicht, nehmen Sie alles, und kochen Sie daraus den herrlichen Frühlingsgemüsetopf.

In der Küche: Sie brauchen Kartoffeln, Karotten, weiße Zwiebeln, Erbsen, weiße Bohnen, Zuckerschoten, Baby-Artischocken und Salatherzen. Alles gründlich waschen, aber nicht schälen. Ziehen Sie von den Zwiebeln nur die äußerste Schale ab, enthülsen Sie die Erbsen und Bohnen und lösen Sie die Salatherzen heraus. Setzen Sie das ganze Gemüse in einem großen Kochtopf mit drei EL Olivenöl, drei EL Wasser, Salz, Pfeffer und etwas Zucker auf. Dünsten Sie es auf kleiner Flamme eine gute halbe Stunde.

Les morilles aux saucisettes

Morcheln mit Bratwürstchen

Wein: Séguret (rot)

Auf den sandigen Böden der Ausläufer des Luberon werden im Frühling körbeweise Morcheln, die »mourigoulo«, gesammelt. In Isle-sur-la-Sorgue werden sie mit »saucissettes« gegessen, langen, dünnen frischen Bratwürstchen, die besonders köstlich sind, wenn sie gegrillt werden.

In der Küche: Schneiden Sie die sandverkrusteten Stielenden der Morcheln ab. Waschen Sie die Pilze sorgfältig, bis das Wasser klar ist, und lassen Sie sie gut abtropfen. Die größten schneiden Sie in zwei, drei Stücke.

Sie sollten zwei Würstchen pro Person rechnen. Die Würstchen in der Pfanne anbraten, damit sie etwas Fett ausschwitzen (vorher anstechen, sonst platzen sie beim Braten). Aus der Pfanne nehmen und warmstellen. Ein Stückchen Butter und einen EL Olivenöl in die Pfanne geben und, sobald beides erhitzt ist, die Morcheln hineingeben. Salzen und pfeffern. So lange schwitzen lassen, bis alle Flüssigkeit verdampft ist. Geben Sie nun die Würstchen wieder zu den Pilzen und lassen Sie beides noch zwei Minuten durchziehen. Streuen Sie gehackte Petersilie darüber und servieren Sie das Gericht, solange es heiß ist.

Das gleiche Gericht können Sie auch im Herbst mit »sanguins«, mit Echten Reizkern, zubereiten, dann mischen Sie zum Schluß noch etwas gehackten Knoblauch unter die Petersilie.

Les artichauts en barigoule

Artischocken Barigoule

»Barigoulo« oder auch »berigoulo« ist das provenzalische Wort für Pilz; es bezeichnet aber auch einen breitkrempigen Filzhut, wie ihn früher die Bäuerinnen trugen, und schließlich nennt sich so auch eine spezielle Art der Artischocken-Zubereitung, sicher weil sie dabei ein wenig wie Pilze aussehen.

In der Küche: Nehmen Sie zwei Kilo kleine zarte violette Artischocken, entfernen Sie die harten Außenblätter, und schneiden Sie die Spitzen der übrigen Blätter mit einem scharfen Messer ab. Je nach Größe werden die Herzen halbiert oder geviertelt (wenn sie ganz klein sind und noch kein Heu haben, bleiben sie unzerteilt), heben Sie das Heu mit der Messerspitze ab, und legen Sie sie sofort in Zitronen- oder Essigwasser, damit sie nicht schwarz werden. Putzen Sie ein Pfund junge Zwiebelchen oder

Morcheln mit Bratwürstchen

hacken Sie zwei dicke Zwiebeln ziemlich grob. Außerdem zwei kleine Salatköpfe verlesen, waschen und in feine Streifen schneiden und 200 g durchwachsenen Speck würfeln.

Zwiebeln und Speck in einem gußeisernen Topf in reichlich Olivenöl langsam anbraten. Zehn ungeschälte Knoblauchzehen, die Artischockenherzen, die Salatstreifen, frisch gemahlenen Pfeffer aus der Mühle, vielleicht etwas Salz (je nachdem, wie salzig der Speck ist) und ein kleines Glas Wasser dazugeben. Anschließend bei ganz kleiner Flamme zugedeckt eine Stunde schmoren lassen. Wenn nötig, gießen Sie einige Tropfen Wasser nach.

Les patates de la comtesse

Frühlingseintopf à la Comtesse

Stellen Sie sich eine adelige Dame aus den Alpilles vor, barfuß, mit aufgekrempelten Ärmeln und geschürzten Röcken. Anmutig bewegt sie sich zwischen den Töpfen, und strahlend, scheinbar mühelos, bewirtet sie ihre Freunde. Das ist unsere Freundin Françoise, die unkomplizierte Gräfin.

In der Küche: Dieser Traum von einem Eintopf besteht zur Hälfte aus Kartoffeln und zur anderen Hälfte aus dem Gemüse der Saison, das gerade im Haus ist, zum Beispiel Artischocken, neuen Zwiebeln und Bohnen, oder Karotten, weißen Rüben und Lauch, oder auch Auberginen, roten Paprikaschoten und Tomaten. Natürlich nehmen Sie zum Frühlingsgemüse kleine neue Kartoffeln, zu Karotten und Lauch lieber große und in Stücke geschnittene. Die Pertuis-Kartoffel ist für dieses Rezept besonders gut geeignet.

Waschen, schälen und verlesen Sie das Gemüse und schneiden Sie alles in ziemlich große, drei bis vier Zentimeter dicke Stücke. Schwitzen Sie in einem Topf mit reichlich Olivenöl zwei gehackte Zwiebeln an, fügen Sie drei ungeschälte Knoblauchzehen, zwei Lorbeerblätter, einen Thymianzweig, die Kartoffeln und die Gemüsestücke, drei EL Wasser, Salz und Pfeffer hinzu. Bei geschlossenem Topf eine halbe Stunde auf kleiner Flamme dünsten. Wenn nötig, etwas Wasser nachgießen. Zehn Minuten vor dem Servieren geben Sie noch ein Schälchen schwarze Oliven dazu. Passen Sie beim Vermengen auf, daß nicht alles zu Mus wird, und warten Sie noch mit dem Auftragen, bis die Oliven heiß sind.

Ma bon gâteau de fraises

Erdbeertorte zum Muttertag

Dieses ist der traditionelle Kuchen, den ich jedes Jahr zum Muttertag gebacken habe. Ein Unternehmen, das immer einen ganzen Vormittag in Anspruch nahm und das die Küche in ein Schlachtfeld verwandelt hätte, wenn sich nicht meine Mutter jedesmal als eine tüchtige und verständnisvolle Küchenhilfe erwiesen hätte, die dem jugendlichen Küchenchef laufend die Töpfe und Löffel abwusch und wegräumte. Ich weiß nicht mehr, woher das Rezept stammt, jedenfalls kommt dabei eine Torte heraus, die ziemliches Aufsehen erregt und überdies herrlich schmeckt.

In der Küche: In einer großen Schüssel werden vier Eier mit zwei EL heißem (aber nicht kochendem) Wasser mit dem Schneebesen schaumig geschlagen. Puderzucker, ein Päckchen Vanillezucker, 100 g Mehl, 100 g Kartoffelmehl und 6 g Backpulver unterrühren. Den Teig in eine gefettete Springform füllen und eine halbe Stunde bei mittlerer Hitze backen. Aus der Form nehmen und auf einem Kuchenrost auskühlen lassen. Nun schlagen Sie einen halben Liter Sahne und aromatisieren Sie sie mit etwas Vanillezucker. Teilen Sie den Kuchen waagrecht mit einem langen Brotmesser in drei bis vier gut einen Zentimeter dicke Platten. Bestreichen Sie die Böden mit Himbeerkonfitüre und schichten Sie sie übereinander, wobei Sie jeden Boden jeweils mit einer Schicht frischen Erdbeerstückchen und einer Schicht Schlagsahne belegen. Die fertige Torte wird ringsum mit Schlagsahne überzogen und mit ganzen frischen Erdbeeren serviert.

Ma bon gâteau de fraises
de tata Lilette

Erdbeertorte Tata Lilette

Es existiert in meiner Familie ein zweiter Erdbeerkuchen, ein echter Rivale des meinigen, vor allem weil er einfacher ist und leichter, und ebenso köstlich schmeckt, so daß wir immer die Qual der Wahl hatten. Das Rezept stammt von meiner Tante Elisabeth.

In der Küche: Pürieren Sie 200 g Erdbeeren mit sehr wenig Zucker, schütten Sie das Erdbeerpüree in einen geschlossenen Plastikbehälter und stellen Sie ihn ins Tiefkühlfach. Während das Sorbet gefriert, wiegen Sie fünf Eier mit der Schale und trennen dann das Eiweiß vom Eigelb. Wiegen Sie nun Zucker in der gleichen Gewichtsmenge und Kartoffelmehl in der halben Gewichtsmenge der Eier ab. Das Eigelb wird mit dem Zucker so lange geschlagen, bis eine cremige weißliche Masse entsteht. Schlagen Sie das Eiweiß mit einer Messerspitze Salz zu sehr festem Schnee. Heben Sie das Kartoffelmehl vorsichtig unter das geschlagene Eigelb und fügen Sie den Eischnee hinzu.

Dieser Teig wird in eine gefettete mittelgroße Tortenform gefüllt und in einer halben Stunde bei schwacher Hitze gebacken. Ist der Biskuitboden ausgekühlt, teilen Sie ihn in zwei Platten und streichen das Erdbeersorbet dazwischen. Anschließend wird die Torte mit Schlagsahne überzogen, mit ganzen Erdbeeren garniert und sofort serviert. Eines ist klar: Diese Erdbeertorte kann erst in letzter Minute fertiggestellt werden.

LES BEIGNETS DE FLEURS D'ACACIA

Akazienblüten-Beignets

So gut wie überall in der Provence wachsen Akazien, jene großen, lichten Bäume, die sich im April mit hübschen weißen Blüten schmücken. Mit eben diesen Blüten werden wir unsere Beignets backen. Nehmen Sie sich also einen großen Korb und ernten Sie schöne, duftende Blütendolden.

IN DER KÜCHE: Bereiten Sie einen Backteig vor, indem Sie in einer Schüssel 250 g Mehl und eine Prise Salz mit einem Glas Wasser mischen. Ein ganzes Ei und einen EL Olivenöl hinzufügen und den Teig so lange rühren, bis er ganz glatt ist. Lassen Sie ihn ein bis zwei Stunden ruhen. Kurz bevor Sie mit dem Ausbacken beginnen, schlagen Sie zwei Eiweiß mit einer Prise Salz zu sehr steifem Schnee und heben ihn vorsichtig unter den Teig.

Erhitzen Sie das Fritieröl. Tauchen Sie die Blütendolden in den Backteig und geben Sie sie dann ins heiße Öl. Sie werden schwimmend ausgebacken, mit dem Schaumlöffel herausgehoben und auf Küchenpapier gelegt. Bestreuen Sie sie mit Zucker und servieren Sie sie noch warm.

Akazienblüten-Beignets

Ein Frühstück
auf dem Rinderhof

Das Leben in der Camargue beginnt mit dem Sonnenaufgang. Die Zeit reicht eben für eine Tasse Kaffee, und schon sitzen die Viehhirten im Sattel. Kein Morgen, an dem sie nicht an Land oder im flachen Wasser den Stieren hinterhergaloppieren müssen, um sie wieder zusammenzutreiben und sich einen Überblick über die Herde zu verschaffen. Ich allerdings, der ich eher zur Beschaulichkeit neige, wandere ein Stück in Richtung der Seen und will ein wenig »das Terrain auskundschaften«, Vögel beobachten, mich dem Zauber dieser eigentümlichen Landschaft hingeben und einfach nur träumen … Wie herrlich, gegen zehn Uhr mit den anderen leicht erschöpft und mit knurrendem Magen auf den Hof zurückzukehren und den gedeckten Tisch unter den Tamarisken vorzufinden! Wie köstlich, all die Düfte zu erschnuppern, die das von den Tanten vorbereitete Essen verströmt: die luftgetrocknete Wurst aus Arles und die Oliven, die Rouille nach Fischerart und das Aïoli, die gerösteten Auberginen, der Cachat-Topf und der Reiskuchen …

Camargue-Pferde auf dem Hof der Laurents

Pasteken-konfitüre und Carthagène

Les olives cassées

Gespaltene Oliven

Ohne Oliven wären die Würstchen aus Arles undenkbar. Im September beginnt die »olivaison«, die Olivenernte. Zu diesem Zeitpunkt sind die Oliven schon fleischig, aber noch grün. Diese September-Oliven brauchen Sie für die »olives cassées«. Im Oktober werden sie violett, und Ende November dann sind sie schwarz und prallvoll mit Öl. Das ist die Zeit für die »olives piquées«, die »angestochenen« Oliven. Die Olivenernte zur Ölgewinnung zieht sich bis zum Sankt-Blasius-Tag, Anfang Februar, hin, und deshalb sagt ein Sprichwort: »Per Santo Catarino, l'oli es à l'oulivo. Per San Blaise, l'es encore mai« – »An Sankt Katharina ist das Öl in den Oliven, an Sankt Blasius ist's noch viel mehr«.

In der Küche: Die ersten Oliven, die grünen September-Oliven, sind herb und bitter. Bevor man sie essen kann, müssen die Bitterstoffe entzogen werden. Nehmen Sie eineinhalb Kilo frisch gepflückte grüne Oliven, und spalten Sie sie, eine nach der anderen, mit einem kleinen Holzhammer, aber zerquetschen Sie sie nicht … Wässern Sie sie mindestens eine Woche lang, und wechseln Sie täglich das Wasser. Meine Freundin Annie Laurent wässert sie sogar einen ganzen Monat lang. Am letzten Tag kochen Sie eine gewürzte Salzlake aus drei Litern siedendem Wasser mit 250 g grobem Salz, etwas Fenchelkraut, einigen Lorbeerblättern, drei bis vier ungeschälten Knoblauchzehen und einer getrockneten Orangenschale. Anschließend abkühlen lassen. Die Oliven werden in ein Sieb geschüttet, in einen glasierten Tontopf gegeben und mit der aromatisierten Lake bedeckt. Stellen Sie den Topf an einen kühlen Ort und warten Sie noch acht Tage, bevor Sie sie kosten.

Aber denken Sie daran: Dies ist eine sogenannte Halbkonserve, die nicht länger als zwei Monate hält!

Les olives piquées

Angestochene Oliven

Die schwarzen Oliven sind milder als die grünen. Vor allem wenn Sie die Januar-Oliven abgewartet haben, denn diese sind dann groß, ganz reif, prallvoll mit Öl und recht weich. Zum Entbittern genügt es, sie mit einer Nadel mehrmals anzustechen. Damit das schneller zu bewerkstelligen ist, bespickte meine Großmutter einen halbierten Flaschenkorken mit vielen Nadeln und rüstete uns Kinder, denen diese Arbeit zufiel, mit derartigen kleinen stacheligen Bürsten aus. Und rums! Einmal hier draufgeklopft, einmal da draufgeklopft, schon war die Olive gerichtet. Schütten Sie danach die Oliven in eine Schüssel und bedecken Sie sie zum Entwässern mit Kochsalz. Am nächsten Tag werden sie unter fließendem Wasser gut abgewaschen und mit viel Thymian, etwas Rosmarin, einigen Lorbeerblättern, drei bis vier ungeschälten Knoblauchzehen und nach Belieben mit einer oder zwei kleinen Pfefferschoten in einen glasierten Tontopf gegeben. Bedecken Sie alles mit Olivenöl. Sie können ruhig größere Mengen davon einlegen, denn die Oliven halten sich problemlos bis zur nächsten Saison.

Les »meissounenco à la sucarello«

Schnecken »Sucarello«

Auf den meisten Märkten der Provence gibt es Schnecken zu kaufen. Und oft sogar hat sie der Bauer, der sie gesammelt hat, bereits die erforderliche Zeit fasten lassen. Diese Art von Schnecken sind ziemlich fleischig, wenn auch sehr viel kleiner als die Burgunder-Schnecken. Sie schmecken köstlich, wenn man sie einfach auf Holzkohlenglut grillt oder mit Kräutern im Wasser kocht und mit einem Aioli (Rezept S. 184) serviert. Für unser Sucarello aber braucht man diese winzigen Schnecken, die es im Morgengrauen so eilig haben und die, sobald es etwas warm wird, zu klettern anfangen und sich ganz oben auf dem Fenchelkraut, auf Holzpflöcken und sogar auf Bäumen versammeln. Sie sind hübsch grau-gelb getigert und heißen Buschschnecken, im Provenzalischen nennt man sie »meissounenco«. Solche Schnecken werden Sie nicht auf dem Markt finden. Sie müssen also sich selbst mit einem Körbchen in aller Herrgottsfrühe auf die Suche begeben und etwa hundert von ihnen einsammeln.

In der Küche: Sie sind so klein, daß es nicht nötig ist, sie fasten zu lassen. Aber man muß sie dafür mindestens zwölf

Stunden in einem großen Topf voll Wasser, dem eine Tasse Salz und ein Viertelliter Essig zugesetzt wurden, entschleimen. Anschließend mehrfach in klarem Wasser waschen. Jetzt brauchen Sie etwas Geduld, denn in jedes Schneckenhaus muß mit einem Küchenmesser oben auf der Spirale ein kleines Loch gebohrt werden. So kann man sie nach dem Kochen beim Auslutschen leichter aus dem Schneckenhaus herausbekommen. Daher der Name »sucarello«, denn »sucer« heißt im Französischen »lutschen«. Die Schnecken werden in einer kräftigen Gemüsebouillon mit einem Kräuterbündel aus Fenchel, Thymian, Lorbeer und getrockneter Orangenschale aufgesetzt. Eine halbe Stunde kochen lassen, gut abtropfen lassen.

Bereiten Sie aus Olivenöl, wenig Essig, Salz und Pfeffer eine gute Vinaigrette zu. Übergießen Sie damit die Schnecken und streuen Sie kurz vor dem Servieren gehackte Petersilie darüber.

La rouille du pêcheur des Marquises

Rouille nach Fischerart

»Les Marquises« ist der Name einer schönen Domäne, die zwischem dem Étang de Vacares und den Salinen von Giraud liegt. Sie gehört meinen Freunden Henri und Annie Laurent. An Annies Tafel kann man die typische, unverfälschte Camargue-Küche genießen, und nicht selten beginnt die Mahlzeit mit der köstlichen »Rouille du pêcheur«. Ehrlich gesagt hat dieses Gericht mit der Rouille nur den Namen gemeinsam, einer Sauce, die ihre Farbe und ihren Geschmack der rostroten spanischen Pfefferschote verdankt und Fischsuppen, vor allem die Bouillabaisse, pikanter macht (Rezept S. 130). Hier aber ist nichts von einer Pfefferschote oder von »rostroter Farbe« zu sehen, es handelt sich schlicht um ein Teelöffelchen Senf in einem Aïoli! Genug, um manch einen traditionsbewußten Provenzalen zu schockieren. Doch das Ergebnis schmeckt fantastisch.

In der Küche: Dies ist ein ganz besonderer Kartoffelsalat, bei dem Sie etwas Organisationstalent haben müssen, denn er muß unbedingt heiß auf den Tisch kommen, sonst ist die ganze Liebesmüh' umsonst. Ich gebe Ihnen die Zutaten für zwölf Personen an: Kochen Sie zunächst in Salzwasser zwei Kilo Kartoffeln in der Schale mit einer Stange Lauch, einer Zwiebel, einer Knoblauchzehe, zwei Lorbeerblättern, etwas Thymian und weißem Pfeffer. Richten Sie dann zwei Kilo Tintenfisch zu, indem Sie den Schulp und den Tintenbeutel herauslösen und das Fleisch in zwei Zentimeter große Würfel zurechtschneiden. Kochen Sie einen dreiviertel Liter Wasser mit einem Viertelliter Weißwein, Zwiebel, Lauch, Zitrone, Knoblauch, Kräutern, Salz und Pfeffer in 15 Minuten zu einem Sud und geben Sie dann den Tintenfisch hinein. Lassen Sie ihn etwa zwanzig Minuten bei schwacher Hitze

Die Rouille nach Fischerart

ziehen. Bereiten Sie inzwischen ein Aïoli vor, und fügen Sie dem Knoblauch und dem Eigelb, bevor Sie das Öl unterrühren, einen TL Senf hinzu (Rezept S. 184). Pellen Sie die gekochten Kartoffeln ab, schneiden Sie sie in Stücke, geben Sie den abgetropften Tintenfisch dazu (entfernen Sie Lauch, Zwiebel, Zitrone, Knoblauch und Kräuter), und vermengen Sie alles mit dem Aïoli. Servieren Sie die Rouille so schnell wie möglich ganz heiß. Ich pflege sie in einer vorgewärmten Deckelterrine anzurichten.

Les Tellines à l'Aïoli

Herzmuscheln in Aïoli

Wein: Vin de Pays (rosé) oder Faugères (weiß)

Die Herzmuscheln sind eine kleine zweischalige Muschelart, die an den Stränden der Camargue im Sand lebt und die Sie überall in der Provence bei jedem guten Fischhändler finden. Sie müssen eine Nacht in frisches Wasser, damit sie den Sand ausschwemmen. Dann bereiten Sie mit einem halben Liter Öl ein Aïoli vor. Erst kurz vor dem Auftragen bringen Sie in einer großen Kasserolle ein Gläschen Weißwein mit einer kleinen, feingehackten Zwiebel und einer Knoblauchzehe sowie einem Schuß Olivenöl zum Kochen und geben die Muscheln dazu. Schließen Sie den Deckel und schütteln Sie den Topf fünf Minuten bei starker Hitze, damit sich die Muscheln öffnen.

Sie können die Muscheln aber auch auf die gleiche Art ohne Zutaten öffnen, das ist fast noch besser. Sie lassen die Muscheln etwas abkühlen, vermengen sie mit Aïoli und tragen sie auf.

La salade pittoresque

Kartoffelsalat »Luxembourg«

Ich kenne übrigens noch einen zweiten warmen Kartoffelsalat, der der »Rouille nach Fischerart« ähnelt wie ein Zwilling vom anderen Ende der Welt. Es ist im Grunde das gleiche Rezept und schmeckt genauso köstlich. Dort, wo man es zubereitet, befindet man sich allerdings Lichtjahre von der Camargue entfernt, nämlich in Luxembourg. Egal, es paßt hierher.

In der Küche: Kochen Sie Pellkartoffeln. Lassen Sie in der Pfanne nicht allzu kleine Speckwürfel aus. Wenn sie goldbraun sind – nicht zu kroß werden lassen! –, reduzieren Sie die Hitze und fügen einen Becher Crème fraîche, etwas guten Essig und einen TL Senf hinzu. Die Sauce soll süß-säuerlich schmecken. Reichlich pfeffern. Sieden Sie einige Knoblauchwürstchen (vorher mit der Gabel etwas anstechen) und einige Frankfurter Würstchen in fast kochendem Wasser. Schneiden Sie die Würstchen in dicke Rädchen, schälen Sie rasch die Pellkartoffeln und schneiden Sie sie in Stücke. Nun vermengen Sie Kartoffelstücke, Würstchenscheiben und Speckwürfel mit der Sauce, und tragen Sie den Salat sofort auf. Wie die »Rouille nach Fischerart« muß dieser Salat sehr heiß auf den Tisch kommen.

Les aubergines en gigot de Jérôme

Auberginenkeulen nach Art von Jérôme

Mein guter Freund Jérôme ist ein fantasievoller Magier der Küche. Er erforscht, experimentiert, entdeckt und erfindet mit Leidenschaft die schlichtesten regionalen Rezepte neu, wie diese »Auberginenkeulen«. Es ist eines der einfachsten und schönsten Auberginenrezepte.

In der Küche: Die Auberginen waschen, trocknen, den Stengelansatz entfernen, nicht schälen. Schälen Sie hingegen etwa zwanzig Knoblauchzehen und halbieren Sie sie der Länge nach. Spicken Sie nun Ihre Auberginen mit den Knoblauchzehen, wie wenn Sie eine Lammkeule spicken würden, indem Sie schön regelmäßig alle anderthalb Zentimeter einen Einschnitt machen und die Knoblauchzehe hineinschieben. Geben Sie reichlich Olivenöl in eine Schmorpfanne und lassen Sie die gesalzenen und gepfefferten Auberginen bei mäßiger Hitze eine gute Stunde schmoren.

Les aubergines et les poivrons à la flamme

Geröstete Auberginen und Paprikaschoten

Bereiten Sie eine Sauce aus Olivenöl, Salz, Pfeffer, gehackter Petersilie und Knoblauch vor.

Machen Sie im Freien ein kleines Feuer aus Rebholz und legen Sie den Rost gerade so hoch, daß die Flammen ihn noch erreichen. Waschen und trocknen Sie Auberginen und rote Paprikaschoten, lassen Sie ihnen die Schale und den Stengelansatz. Stechen Sie die Auberginen mit der Gabel an, damit sie nicht aufplatzen, und rösten Sie die beiden Gemüsesorten über dem Feuer. Sie werden ganz schwarz werden, aber das soll Sie nicht stören. Wenden Sie sie häufig, damit sie rundum braten. Wenn sie gar sind, die verkohlte Auberginenhaut abziehen, ohne den Stengelansatz zu entfernen. Auch die Paprika schälen, das Kerngehäuse entfernen und die Schoten in Streifen schneiden. Richten Sie das Gemüse auf einer Platte an und übergießen Sie es mit der Sauce.

Man könnte das Gemüse auch im Ofen grillen und es genauso anrichten, aber das hieße, es seines köstlichen Rauchgeschmacks zu berauben, der durch das Braten auf offenem Feuer entsteht. Und der gerade macht den feinen Unterschied.

Lou cachat

Käsetopf Lou Cachat

Der Lou cachat ist ein köstlicher, kräftiger Käse, der sogar recht scharf schmeckt und der es ermöglicht, alle trocken gewordenen Käsereste zu verwenden. Um einen guten Cachat anzusetzen, braucht man, wie beim Essig, eine Mutter und insofern großzügige Freunde, die in ihrem Keller einen Cachat-Topf stehen haben. Lassen Sie sich also ein Schälchen Cachat schenken. Nehmen Sie einen großen Steintopf mit einem Deckel, legen Sie Ihre Cachat-Mutter hinein und dazu Ihre Käsereste, die Sie vorher im Mörser oder Mixer zerstampft haben.

Etwas klaren Schnaps darüber, vermischen und den Topf zudecken. Mindestens einen Monat warten, bevor Sie probieren. Sie können laufend weiteren Käse und Alkohol hinzufügen.

Wein:
Châteauneuf-du-Pape (weiß)

Geröstete Auberginen und Paprikaschoten

LE GÂTEAU DE RIZ D'ANNIE LAURENT

Reiskuchen nach Annie Laurent

Bereiten Sie erst einmal in einer runden feuerfesten Glas- oder Porzellanform einen schönen goldbraunen Karamel (Rezept S. 41) aus zwanzig Zuckerstückchen und eben nur soviel Wasser, daß der Zucker befeuchtet wird. Der richtige Zeitpunkt zum Ablöschen des Karamels ist immer eine Frage der Einschätzung und Erfahrung: Wird er zu dunkel, schmeckt er bitter, bleibt er zu hell, schmeckt er fad. Schwenken Sie die Form, solange der Karamel noch flüssig ist, in alle Richtungen, damit sie überall, auch an den Wänden, mit Karamel ausgekleidet ist. Nun kochen Sie eine Tasse gewaschenen, runden Camargue-Reis gut fünf Minuten lang in einem Topf mit kochendem Wasser. Kochen Sie gesondert einen Liter Milch mit einer aufgeschnittenen Vanillestange und drei bis vier getrockneten Orangenschalen auf. Reduzieren Sie die Hitze, und schütten Sie den gequollenen und abgeschütteten Reis zur Milch. Bei schwacher Hitze eine Stunde lang einkochen lassen, bis die Flüssigkeit fast völlig absorbiert ist. Der Reis sollte noch ein wenig cremig sein. Stellen Sie den Topf beiseite. Rühren Sie vier ganze Eier mit etwas Zucker schaumig, wobei Sie nicht zu stark süßen sollten, denn der Karamel wird den Kuchen zusätzlich süß machen. Ziehen Sie den Eierschaum unter den Reis, entfernen Sie die Vanillestange, nicht aber die Orangenschalen. Hier nun können Sie, wenn Sie wollen, kandierte Früchte oder Rosinen dazugeben, aber das ist kein Muß. Füllen Sie die Mischung in die karamelisierte Glasform und stellen Sie diese für dreißig bis vierzig Minuten bei schwacher Hitze ins Wasserbad. Lassen Sie den Kuchen vollständig auskühlen, ehe Sie ihn stürzen. Dieser Reiskuchen schmeckt am nächsten Tag sogar noch besser.

La confiture de pastèque

Pastekenkonfitüre

Es gibt bei uns in der Provence eine speziell für Konfitüren geeignete Pasteken-Sorte: eine längliche Wassermelone mit blaßgrüner Schale und noch blasserem Fruchtfleisch. Sie nennt sich »Meraviho«, Wunder. Verwenden Sie für das folgende Rezept auf keinen Fall die runde, dunkelgrüne Wassermelone mit dem roten Fleisch und den schwarzen Kernen. Die schmeckt nur roh, wenn sie reif, süß und eisgekühlt ist.

In der Küche: Sie schneiden am Vortag die Pasteke in Scheiben, lösen das Fruchtfleisch aus der Schale und schneiden es nach dem Entkernen in kleine Würfel. Wiegen Sie diese. Fügen Sie pro Kilo Fruchtfleisch eine in feinste Scheibchen geschnittene, unbehandelte Zitrone, eine aufgeschnittene Vanillestange und 750 g Puder- oder Kristallzucker hinzu. Alles über Nacht durchziehen lassen. Geben Sie die Früchte anderntags in einen Konfitüretopf. Kochen Sie die Masse nun drei Tage hintereinander jeweils eine halbe Stunde lang, bis die Früchte glasig sind und der Sirup eingedickt ist. Abkühlen lassen und in Gläser füllen. Während des Aufkochens müssen Sie die Konfitüre übrigens gut im Auge behalten, denn sie entwickelt viel Schaum und kocht leicht über. Wie die Konfitüre aus Feigen oder aus grünen Tomaten, bietet sich die Pastekenkonfitüre als ausgezeichnetes Dessert an, das mit Biskuits oder Quark serviert wird.

La carthagène

Carthagène

Auf provenzalisch sagt man »Cartagèno«. Die Carthagène hat die wunderschöne Farbe von Bernstein und wird gewöhnlich als Apéritif oder zum Dessert gereicht. Eigentlich aber ist es ein wohlgehüteter Tropfen, der in der Gegend von Arles traditionell am Weihnachtsabend zu den Dreizehn Desserts gereicht wird. Wird Ihnen in der Camargue ein Gläschen Carthagène kredenzt, dürfen Sie dies als große Ehre betrachten.

In der Küche: Mischen Sie drei Liter frischen Most von weißen Trauben mit einem Liter frischgebranntem, etwa 60prozentigem Branntwein. Diese Mischung muß mindestens bis Allerheiligen gären, anschließend kommt sie für ein weiteres Jahr in den Keller. Danach wird die Flüssigkeit gerfiltert und in gut verschlossene Flaschen abgefüllt. Die Carthagène wird immer besser, je älter sie ist.

Bouillabaisse im Atelier

Es gibt *die* Bouillabaisse, aber auch viele andere Bouillabaissen, die Bouillabaisse mit Eiern, mit Spinat, mit Sardinen, mit Erbsen, mit Stockfisch, und was es noch alles gibt. Die letzteren sind zwar weniger berühmt, und doch sind es traumhafte, sättigende Suppen, die mit gerösteten Brotscheiben und geriebenem, in der heißen Suppe schmelzendem Käse serviert werden. Es war die Bouillabaisse der Leute auf dem Land, die entweder keinen Fisch hatten oder aber zu arm waren, um sich welchen zu leisten. Auch diese Bouillabaisse-Arten duften herrlich nach Fenchel und Safran, sind aber kein Vergleich zur richtigen Bouillabaisse.

Der Name kommt vom provenzalischen »Boui-abaisso«, was soviel heißt wie »boui – sie kocht, die Suppe!« und »abaisso – stell das Feuer kleiner!«, denn bei diesem Gericht darf die Suppe nur einmal aufwallen (Frédéric Mistral). Es gibt aber noch eine andere Erklärung, und die besagt, der Name käme von der gebückten (abaissé) Haltung der Fischer, wenn sie um das Holzfeuer hocken, auf dem der Kessel kocht. Früher nämlich wurde dieses rustikale Gericht direkt am Strand zubereitet, sobald man vom Fischen zurückkehrte. Doch heute bekommt man dank der wunderbaren Kühltransporte überall in der Provence frischen Fisch und kann sich seine Bouillabaisse praktisch überall kochen. Und so möchte ich Sie in ein Maleratelier zum Essen bitten.

Der gedeckte Tisch wurde nah an eines der Fenster gerückt, die zum Garten gehen. Zu beiden Seiten stapeln sich großformatige Leinwände, einige stehen noch auf Staffeleien. Ein breiter Arbeitstisch auf Rädern, voller Töpfe und Pinsel, dient gleichzeitig als Abstellplatz für Stapel von Tellern und Servietten. Alles, das Zubereiten wie das Essen, findet im Atelier statt. In der Farbküche wird ausnahmsweise die Bouillabaisse gerichtet, der Pinsel wird mit dem Kochlöffel vertauscht, und zwischen Tuben und Pigmenttiegeln marinieren die Fische. Bis

Aperitif im Atelier von Gérard Drouillet in Eygalières

alles soweit ist, trinkt man fröhlich einen Pastis oder gut gekühlten weißen Cassis und kostet die Brotscheiben mit Poutargue, die kleinen Anchovis-Schnittchen und die fritierten Ravioli, wie sie Françoise immer zu machen pflegt. Es duftet köstlich nach Safran, nach Fenchel, Knoblauch und frischem Fisch. Die Bouillabaisse ist bald soweit, und die Suppe aus Felsenfischen dampft bereits in der amüsanten Fayence-Terrine aus Vallauris. Wie ein Skorpionfisch ist sie geformt, mit etwas naiv dreinschauenden großen Rehaugen. Und gleich neben einer Herkules-Büste aus Gips wartet schon eine Schüssel mit himmlischer Karamelcreme und eine Schale mit Kroketten, Streuselbergen und Sandgebäck…

Aber wir sind noch beim Aperitif und dabei, ein ganzes Körbchen voll dünner gerösteter Brotscheiben zu richten, die wir mit erstarrtem Olivenöl und geriebener Poutargue, mit grüner und schwarzer Tapenade, mit der »sauce du pauvre homme« und mit Anchovis-Creme bestreichen.

L'huile d'olive figée et la poutargue râpée

Olivenölaufstrich mit geriebener Poutargue

Die Poutargue ist der Kaviar der Provenzalen. Es ist der Rogen der Seebarbe, eines Fisches, der früher im Schutz des Étang de Berre laichte. Doch es gibt im Étang de Berre keine Seebarben mehr, genausowenig wie es in Martigues noch echte Poutargue gibt. Dafür kann man heute eine Poutargue aus Nordafrika kaufen, die zwar nach Meinung der Alten längst nicht so gut, aber immer noch köstlich ist. Der Fischrogen wird in seiner natürlichen Hülle gelassen, gesalzen, gepreßt und getrocknet. Heutzutage wird er anschließend noch mit einer Wachs- oder Paraffinschicht umhüllt.

In der Küche: Entfernen Sie die Wachsschicht und die feine Schutzhaut des Rogens, und reiben Sie ihn auf einer Parmesanreibe. Am Vortag oder wenigstens einige Stunden vorher haben Sie bereits ein Schüsselchen fruchtiges Olivenöl in den Tiefkühlschrank gestellt, damit das Öl erstarrt.

Streichen Sie nun das festgewordene Olivenöl wie Butter auf eine dünne Scheibe geröstetes Landbrot und streuen Sie reichlich geraspelte Poutargue darüber. Essen Sie schnell auf, ehe das Öl wieder flüssig wird!

La tapenade noire

Schwarze Tapenade

Die Tapenade, die schwarze wie die grüne, verdankt ihren Namen nicht etwa der Olive, aus der sie allerdings fast ausschließlich besteht, sondern der Kaper, die auf provenzalisch »tapeno« heißt. Eigentlich ist es also eine Kapernsauce. Für die schwarze Tapenade empfehle ich Ihnen, Oliven aus Nyons zu verwenden.

In der Küche: Zunächst einmal entkernen Sie 300 g schwarze Oliven und hacken sie ganz fein. Geben Sie sie mit etwa zehn gewässerten Anchovis und einem gehäuften EL Kapern in einen Mörser. Zerstoßen Sie alles mit dem Holzstößel zu einer Paste, und fügen Sie einen Schuß Olivenöl und einige Tropfen Zitronensaft hinzu. Auf zehn Oliven müssen Sie übrigens ein Anchovisfilet und drei Kapern rechnen. Zu geröstetem Brot reichen.

Manche Leute pfeffern die Tapenade, was keine schlechte Idee ist. Andere ersetzen den Zitronensaft durch einen EL Rum. Mir ist die Zitrone lieber. Sie können aber auch eine zerdrückte halbe Knoblauchzehe hinzufügen, ganz wie Sie wollen.

La tapenade verte

Grüne Tapenade

Hacken Sie 250 g entsteinte grüne Oliven mit 100 g geschälten Mandeln. Geben Sie beides in einen Mörser, und zerreiben Sie es mit einem EL Kapern, sechs Anchovis-Filets, einem Schuß Olivenöl, eventuell einem Spritzer Vieux Marc zu einer Paste.

Les quichets aux anchois

Anchovis-Schnittchen

Sechs Anchovis werden unter fließendem Wasser gereinigt, entgrätet und im Mörser mit einer Knoblauchzehe und etwas Olivenöl zerrieben. Auf Weißbrotschnittchen streichen und fünf Minuten im heißen Ofen übergrillen. Warm servieren.

La sauce aux amandes et à l'ail

Knoblauch-Mandel-Sauce

Zerstoßen Sie im Mörser etwa 30 geschälte Mandeln und fünf Knoblauchzehen. Fügen Sie einige Tropfen Wasser und nach und nach soviel Olivenöl hinzu, bis sich eine schöne feste Paste ergibt. Zu geröstetem Brot reichen.

La sauce aux amandes et à l'anchois

Mandel-Anchovis-Sauce

Frédéric Mistral, der provenzalische Chronist, nannte diese Sauce »die Sauce des armen Mannes«, denn sie ergab mit einem Stück Brot eine ganze Mahlzeit. Zerstoßen Sie im Mörser dreißig Mandeln oder halbreife Walnüsse mit einigen Anchovisfilets und etwas Fenchelkraut. Verrühren Sie alles mit einigen Tropfen Wasser und etwas Olivenöl zu einer schönen Paste. Reichen Sie sie zu geröstetem Weißbrot oder, wie die Anchovissauce (S. 141), zu in Streifen geschnittenem rohen Gemüse wie Karotten, Sellerie, Fenchel, Frühlingszwiebeln oder Blumenkohlröschen.

Les ravioles frites

Fritierte Raviolini

Kaufen Sie kleine italienische Raviolini, also winzige, mit Schafskäse gefüllte Ravioli, die man normalerweise noch einige Sekunden in einer guten Hühnerbouillon ziehen läßt. Meine Freundin Françoise allerdings pflegt sie uns zum Apéritif fritiert zu reichen, wenn sie uns in ihrem schönen Schloß in den Alpilles empfängt.

In der Küche: Lösen Sie die Ravioli vorsichtig voneinander und fritieren sie in heißem, aber nicht rauchendem Olivenöl, das Sie etwa ein Finger hoch in die Pfanne gefüllt haben. Sie sollen rundherum goldbraun werden. Mit dem Schaumlöffel herausheben, auf Küchenpapier abtropfen lassen, gut salzen und sehr heiß servieren.

La bouillabaisse du Villepontoux

Bouillabaisse des Restaurants »Villepontoux«

Es gibt, wie bereits vorher bemerkt, nicht eine, es gibt tausenderlei Arten, die Bouillabaisse zuzubereiten, jeweils abhängig von Geschmack und Geldbeutel: Der eine kocht sie mit Lauch, der andere nicht, der eine kocht sie mit Kartoffeln, der andere nicht … In jeder kleinen Bucht, ja fast in jeder Familie hat man sein eigenes Rezept, das man ungern verrät.

Wein: Cassis (weiß)

In Marseille, zu Zeiten der alten Corniche – die Marseillaiser werden sich wahrscheinlich erinnern –, gab es an der »Anse du Prophète« in der Mitte das Restaurant »Villepontoux«. Es gehörte Elie und Jeanne Drouillet, den Eltern meines Freundes, des Malers Gérard Drouillet. Seinerzeit servierte man dort eine Bouillabaisse, die im ganzen Département und weit darüber hinaus berühmt war. Wie oft war ich nicht bei unserer Freundin »Reine« Jeanne zu Gast und genoß diese Bouillabaisse! Ich wüßte keine, die besser wäre.

Das Rezept genau dieser Bouillabaisse bekommen Sie jetzt, es ist für etwa sechs Personen berechnet und wird in drei Etappen gekocht.

Felsenfisch-Suppe

Als erstes wird aus Felsenfischen eine kräftige Suppe gekocht. Schwitzen Sie in einer großen Kasserolle in reichlich Olivenöl fünf Minuten zwei gehäutete Tomaten, zwei Zweiglein Fenchelgrün, ein Lorbeerblatt, zwei geschälte und zerdrückte Knoblauchzehen, ein Stück getrocknete Orangenschale, Safran, Salz und Pfeffer an.

Geben Sie eineinhalb Kilo Felsenfische hinein. Das sind alle möglichen kleinen Mittelmeerfische, die im Schutze der Felsen in unmittelbarer Küstennähe leben. Diese Fische werden im Ganzen, unausgenommen, verwendet.

Löschen Sie mit zwei Litern kaltem Wasser ab, und lassen Sie die Suppe nach dem Aufwallen eine dreiviertel Stunde sieden. Anschließend durch ein Sieb passieren und die Fische dabei zerstampfen. Wollen Sie nur diese Suppe servieren, gießen Sie sie in eine Suppenterrine und reichen dazu Knoblauchbrot, geriebenen Käse und entweder eine normale Rouille oder eine Rouille mit Seeigelfleisch.

Bouillabaisse

Doch machen wir mit unserer Bouillabaisse weiter. Wichtig ist vor allem, daß wir dazu ganz frischen Fisch verwenden, und zwar:

- sechs Scheiben Seeteufel (lotte)
- sechs Scheiben Meeraal (congre)
- drei Petermännchen (vive)
- einen Sankt-Petersfisch (St. Pierre)
- vier mittelgroße Drachenköpfe (rascasse).

Marinade für die Bouillabaisse

Man kann auch noch weißen Skorpionfisch,. Knurrhahn und Meereskapaun dazugeben.

Die Fische werden ausgenommen, geschuppt und die Fischlebern beiseite gelegt. Jetzt werden wir eine Marinade zubereiten, und sie ist zweifellos das Geheimnis des Gerichts. Legen Sie die Fische in eine große Schüssel zusammen mit Fenchelgemüse, gehäuteten Tomaten, geschälten und in große Scheiben geschnittenen Kartoffeln, Salz, Pfeffer und Safran. Übergießen Sie alles mit Olivenöl, vermengen Sie es, und und lassen Sie die Fische einige Stunden an einem kühlen Ort marinieren.

Danach setzen Sie die Felsenfischsuppe auf und geben, sobald sie kocht, nur die Kartoffeln mit der Marinade hinein, die Fische noch nicht. Erneut aufkochen und zehn Minuten weiterkochen lassen. Nun kommen erst die festfleischigen Fische wie Meeraal, Drachenkopf und Seeteufel hinein. Nach weiteren zehn Minuten reduzieren Sie die Hitze und geben die weichfleischigen Fische wie Sankt-Petersfisch und Petermännchen für weitere fünf Minuten hinzu. Schmecken Sie die Suppe nochmals ab, und tragen Sie sie als ersten Gang mit Knoblauchbrot, geriebenem Käse und einer Seeigel-Rouille auf. Dann folgen auf einer Platte die Fische mit den Kartoffeln, dazu wieder die Seeigel-Rouille und etwas Suppe zum Begießen.

Rouille

Die Rouille verdankt ihren Namen der rostroten Farbe (rouille heißt Rost) der roten spanischen Pfefferschote. Zerstoßen Sie in einem Mörser je drei Knoblauchzehen und kleine rote Pfefferschoten. Ein nußgroßes Stück Weißbrotkrume zugeben, das vorher in etwas Bouillabaisse eingeweicht und wieder ausgedrückt wurde, und unter tropfenweiser Zugabe von Olivenöl zu einer Paste verrühren. Ist die Rouille schön cremig, können Sie sie entweder wie ein Aïoli servieren, oder Sie verdünnen sie mit einem Schöpflöffel Bouillabaisse und bringen sie in der Sauciere auf den Tisch.

Seeigel-Rouille

Diese Rouille ist weniger scharf als die traditionelle Rouille, ich persönlich finde sie ausgezeichnet. Sie brauchen dazu ein halbes Glas Corail von Seeigeln (das korallenrote Fleisch). Zerstoßen Sie in einem Mörser drei Knoblauchzehen mit Fischlebern, die zuvor zwei Minuten im Fischsud gezogen haben und gut abgetropft wurden. Fügen Sie ein Eigelb (von gleicher Temperatur wie das Öl), Salz, Pfeffer, Safran und das Corail der Seeigel hinzu, und rühren Sie nach und nach Olivenöl darunter, bis die Sauce cremig ist.

LA BOUILLABAISSE DES PÊCHEURS

Bouillabaisse auf Fischerart

Dies ist eine weitaus weniger aufwendige Art einer Bouillabaisse: Sie ist aber absolut authentisch und ideal für eine Mahlzeit im Strandhaus. Die Aromaten sind die gleichen, nur der Safran gehört nicht in diese Bouillabaisse (zu teuer). Die Auswahl der Fische richtet sich nach dem jeweiligen Fang: Drachenkopf und weißer Skorpionfisch, Knurrhahn, Rouquier (Lippfisch), Seeaal, Sankt-Petersfisch, Petermännchen, Seeteufel, Meerwolf, Meereskapaun, ja selbst Heuschreckenkrebse und Langustinen. Die Fische werden geschuppt und ausgenommen, in große Stücke zerteilt und für eine halbe Stunde in einer großen Kasserolle in eine Marinade mit Fenchel, Lorbeer, getrockneter Orangenschale, zerdrücktem Knoblauch, dem Fleisch einer Tomate, grobgehacktem Lauch und Zwiebeln, Salz, Pfeffer und Olivenöl gelegt. Unterdessen kochen

Sie aus den kleinsten Fischen und den Köpfen der großen in drei Liter Wasser einen Sud. Stellen Sie den Topf mit der Marinade aufs Feuer, und füllen Sie ihn mit dem Fischsud auf. Nach dem Aufwallen noch weitere acht bis zehn Minuten sieden lassen – und die Suppe ist fertig.

LA BOUILLABAISSE DE MORUE

Bouillabaisse aus Stockfisch

Wässern Sie Ihren Stockfisch vierundzwanzig Stunden und erneuern Sie dabei das Wasser immer wieder. Dann pochieren Sie ihn, indem Sie ihn in kaltes Wasser legen und den Topf, sobald das Wasser zu sieden beginnt, vom Feuer nehmen. Etwa zehn Minuten ziehen lassen, anschließend abtropfen lassen (dabei den Sud auffangen) und ihn reinigen. In einem zweiten Topf dünsten Sie in etwas Olivenöl zwei feingehackte Zwiebeln an und fügen dann das Fleisch von zwei bis drei durchpassierten Tomaten, sechs gehackten Knoblauchzehen, einige Fenchelzweige, zwei Lorbeerblätter,

WEIN: Bandol (rosé)

eine Prise getrocknete Orangenschale, etwas Thymian, Petersilie und Pfeffer hinzu. Vermengen Sie alles mit dem Holzlöffel und geben Sie fünf bis sechs in dicke Scheiben geschnittene Kartoffeln dazu. Übergießen Sie alles mit dem Stockfisch-Sud und lassen Sie die Suppe eine knappe halbe Stunde sprudelnd kochen. Sind die Kartoffeln gar, reduzieren Sie die Temperatur und geben die Fisch-Stücke kurz zum Heißwerden hinzu, außerdem etwas Safran. Der Safran behält sein Aroma besser, wenn er nicht mitgekocht wird.

Stellen Sie Suppenteller auf den Tisch. Richten Sie den Stockfisch und die Kartoffeln in einer flachen Schüssel, die Fischbrühe in einer Suppenterrine an. Dazu reichen Sie ein Schälchen Aïoli (Rezept S. 184), ein Schälchen geriebenen Käse und Knoblauchbrot.

LA BOUILLABAISSE BORGNE

Die »einäugige« Bouillabaisse

Dünsten Sie in Olivenöl zwei Stangen feingeschnittenen Lauch und eine feingehackte Zwiebel an. Fügen Sie das ebenfalls kleingeschnittene Fleisch von drei Tomaten, vier gehackte Knoblauchzehen, einige Zweige Fenchelgrün, zwei Lorbeerblätter und eine getrocknete unbehandelte Orangenschale hinzu. Salzen, pfeffern, sechs bis sieben in große Scheiben geschnittene Kartoffeln dazugeben und mit Fischsud übergießen. Zugedeckt bei starker Hitze kochen, bis die Kartoffeln weich sind. Dann die Temperatur stark reduzieren, damit die Brühe nur noch simmert. Erst jetzt etwas Safran hinzugeben.

Nun schlagen Sie pro Person ein Ei auf und lassen eines nach dem anderen vorsichtig in die Brühe gleiten, um sie einige Minuten zu pochieren. Tragen Sie die Suppe mit großen Scheiben Röstbrot auf, die Sie zuvor im Ofen mit Käse überbacken haben.

LA CHAPON FARCI

Gefüllter Meereskapaun

Dieses Rezept bekam ich von einem Fischer aus Sainte-Maxime. Der Kapaun ist in diesem Fall nicht dieses gemästete, seiner männlichen Attribute beraubte Geflügel, das man zu Weihnachten brät. Vielmehr ist es ein schöner roter Fisch, der auch als »Drachenkopf« bekannt ist. Sie lassen ihn bereits beim Fischhändler vorbereiten. Er muß den Fisch entlang der Rückengräte aufschneiden, mit dem Messer an beiden Seiten der Gräte entlangfahren, sie auf Höhe des Kopfes auseinanderbrechen und auf diese Weise sowohl Gräten als auch Eingeweide herausziehen.

Die Farce bereiten Sie folgendermaßen: Hacken Sie 300 g weißes Fischfleisch, 300 g Pariser Schinken, 100 g entsteinte schwarze Oliven und eine Knoblauchzehe sehr fein. Geben Sie etwas Olivenöl, etwas Salz (vorsichtig, denn Schinken und Oliven sind schon gesalzen) und frisch gemahlenen Pfeffer zu. Mit einem Eigelb binden und alles gut vermengen. Sie füllen den Fisch mit dieser Farce und halten ihn gut in Form, indem Sie ihn an drei Stellen mit Küchengarn umwickeln, das erst kurz vor dem Auftragen vorsichtig entfernt wird. An den Seiten Lorbeerblätter zwischen Garn und Fleisch schieben. Den Fisch in einen Bräter legen und mit einigen EL Olivenöl beträufeln. Er soll bei mittlerer Hitze etwa eineinviertel Stunden garen, je nach Größe sogar etwas länger; die Farce muß jedenfalls gar sein. Während des Garens öfters begießen. Und sehr heiß auftragen!

WEIN:
Cassis
(weiß)

LA CRÈME À LA NEIGE

Karamelcreme mit Eischneebällchen

Wir brauchen für diese Creme acht Eier auf einen Liter Milch. Trennen Sie zunächst Eiweiß und Eigelb. Sie benötigen das ganze Eigelb, jedoch nur fünf Eiweiß. Rühren Sie das Eigelb mit 100 g Zucker schaumig. Bringen Sie die Milch zum Kochen. Schlagen Sie das Eiweiß mit einer Prise Salz zu sehr festem Schnee. Geben Sie kleine Häufchen auf die heiße Milch und lassen Sie sie kurz fest werden. Schöpfen Sie die Bällchen heraus und legen Sie sie in eine Dessertschale. Kochen Sie einen Karamel (Rezept S. 41) aus zwanzig Stück Würfelzucker und sehr wenig Wasser. Gießen Sie ein Drittel des Karamels über die Eiweißbällchen.

Schütten Sie die Milch durch ein Sieb und lösen Sie den restlichen Karamel

Mandelkroketten, Sandgebäck, Streuselberge und die Karamelcreme mit Eischneebällchen (folgende Doppelseite)

darin auf. Gießen Sie sie vorsichtig über das Eigelb. Diese Mischung wird noch einmal aufgesetzt und bei schwacher Hitze mit einem Holzlöffel so lange gerührt, bis die Creme am Löffel haften bleibt. Passen Sie auf, daß sie nicht zu lange kocht, sonst wird sie klumpig. Die fertige Creme gießen Sie in die Dessertschale rings um die Eiweißbällchen. Abkühlen lassen und eine Stunde vor dem Servieren in den Kühlschrank stellen.

Rochers

Streuselberge

Verrühren Sie in einer Teigschüssel 250 g feinen Zucker mit einem Päckchen Vanillezucker und 125 g nicht zu kalter Butter. Schütten Sie 500 g Mehl auf einmal dazu und verkneten Sie alles gut. Separat verrühren Sie ein ganzes Ei und einen TL Backpulver in einer Tasse Milch. Gießen Sie diese Mischung zu dem Teig, und vermengen Sie beides vorsichtig, ohne den Teig zu sehr zu kneten. Er soll krümelig bleiben. Setzen Sie kleine Häufchen auf ein eingefettetes Backblech, und schieben Sie es bei mittlerer Hitze eine gute Viertelstunde lang in den Backofen.

Les sablés

Sandgebäck

Geben Sie in eine Teigschüssel 250 g Mehl, 125 g Zucker, ein Ei, ein halbes Päckchen Backpulver, drei EL Milch, 100 g im Wasserbad geschmolzene Butter und die abgeriebene Schale einer Orange. Kneten Sie den Teig schnell zusammen. Rollen Sie ihn fünf Millimeter dick aus, und stechen Sie mit einem Glas runde Plätzchen aus.

Diese Plätzchen legen Sie auf ein gefettetes Backblech, bestreichen sie mit Milch und backen sie bei mittlerer Hitze eine Viertelstunde lang.

LES CROQUETS AUX AMANDES

Mandelkroketten

Die provenzalischen Großmütter pflegten zweierlei Sorten hellen, goldbraunen Gebäcks zu machen. Da gab es einmal das Gebäck, das man im Salon zu einem Glas Vin cuit, dem Wein aus eingedampftem Most, oder zu einem Muscat reichte: Kekse, »für wenn Besuch kommt«, wie die »navettes« oder die eben beschriebenen »sablés«. Und dann gab es noch die, die man Kindern nachmittags oder zum Nachtisch gab, wie die Mandelkroketten oder die kleinen Streuselberge. Früher nannten wir die Mandelkroketten immer »Zahnbrecher«, sie sind wirklich sehr hart. Aber probieren Sie einmal, sie in ein Gläschen Wein zu tunken…

IN DER KÜCHE: Kochen Sie zunächst einen Sirup aus 350 g Zucker und einem dl Wasser. Rühren Sie solange, bis er Fäden zieht (Rezept S. 31). Den Topf vom Feuer ziehen, den Sirup in eine Schüssel gießen und 350 g geschälte Mandeln dazu geben. Vier Stunden stehen lassen. Anschließend auf eine glatte Unterlage, am besten Marmor, 500 g Mehl sieben, in die Mitte den Sirup mit den Mandeln gießen und vier ganze Eier mit einer Prise Salz dazugeben. Kneten Sie den Teig zuerst mit den Fingerspitzen, dann mit beiden Händen bis er geschmeidig ist. Rollen Sie ihn einen Zentimeter dick aus, schneiden Sie 3 cm breite und 20 cm lange Streifen aus, und legen Sie sie auf ein gefettetes Backblech. Bei mittlerer Hitze etwa 20 Minuten backen lassen.

Die Streifen nach dem Herausnehmen zunächst kurz abkühlen lassen und gleich in Kroketten von etwa 1 x 3 cm Länge schneiden. Gut auskühlen lassen, bevor Sie sie in eine Dose füllen.

Ein Picknick am Ufer der Sorgue

Kaum in Fontaine-de-Vaucluse dem Fels entsprungen, durcheilt die Sorgue mit frischem klaren Wasser die Comtat-Ebene und teilt sich dann in mehrere Arme, die das Städtchen Isle-sur-la-Sorgue umschließen. Die Stelle, wo sich die Flußarme gabeln, ist ein bezaubernder Ort, besonders an Tagen, wenn die Sonnenstrahlen tausendfach durch das Laub der Platanen dringen und sich im spiegelnden Wasser der Sorgue brechen. Dorthin, an die von klarem Wasser umspülten Ufer, in diese liebliche Märchenlandschaft, kommen wir häufig und picknicken unter den Bäumen im Gras. Inbegriff jedes Picknicks ist ein großer Korb. Wir haben nie einen von diesen fabelhaft durchdachten luxuriösen Picknick-Koffern gehabt, wie sie in jeder Wohn-Zeitschrift zu sehen sind: diese geräumigen, in Fächer eingeteilten Weidenkoffer mit ihren lederumgürteten Tellerstapeln, flankiert von Gabeln auf der einen und Messern auf der anderen Seite, mit Korbflaschen, ja sogar einem kleinen Spirituskocher in einer emaillierten Dose. Nein, so etwas Kostbares haben wir noch nie besessen. Statt dessen haben wir einen riesigen Henkelkorb, der zu zweit geschleppt werden muß, so schwer ist er, wenn er voll ist. Und in diesen Korb packen wir, wie es gerade kommt, Tischtuch und Besteck, Flaschen und Lebensmittel.

Ein Picknick ist ein wahrer Akt der Befreiung von allen häuslichen Regeln: kein Eßzimmer, keine Tischordnung, statt der Gabel nimmt man die Finger, und wenn eine Ameisenarmee krümelschleppend über das Tischtuch marschiert, schaut man nur amüsiert zu. Doch auch zum Picknick gehört ein gewisses Ritual. Die Speisenfolge zum Beispiel liegt von vornherein fest: Erst gibt es ein kaltes Tomaten-Omelett, oder zum Dippen eine Anchovissauce. Dann folgt Kaninchenterrine oder Rindfleisch in Aspik, ein Muschelsalat, verschiedene Ziegenkäse für die Großen und eine Schachtel »Vache-Qui-Rit« für die Kleinen, ein Kuchen und Früchte, und im Frühling ein Kirschauflauf.

Anchoïade mit frischem Gemüse

L'irremplaçable omelette de tomates

Tomaten-Omelett

Um das Tomaten-Omelett machen zu können, muß als erstes ein stark konzentriertes Tomaten-Coulis gekocht werden. Tomaten-Coulis ist einer der Grundpfeiler der provenzalischen Küche. Die provenzalische Bezeichnung »Coulis«, die auch wir inzwischen in unser Küchenvokabular aufgenommen haben, bedeutet »purée liquide«, also flüssiges Püree. Damit ist sowohl ein ungewürztes eingemachtes Tomatenpüree gemeint, das im Winter die frischen Tomaten ersetzt (Rezept S. 159), als auch eine mit Olivenöl gekochte Tomatensauce, die mit Zwiebeln oder Knoblauch, Thymian oder Basilikum, Pfeffer oder Piment gewürzt ist.

Es gibt also nicht nur ein einziges Rezept für das Tomaten-Coulis, es gibt tausende – wie man es gerade braucht.

In der Küche: Lassen Sie in einem Fond aus Olivenöl zwei bis drei feingehackte Zwiebeln glasig werden. Fügen Sie einige vollreife aromatische Tomaten hinzu, die Sie zuvor entkernt und grob zerteilt haben. Außerdem zwei zerdrückte Knoblauchzehen, etwas Basilikum und Thymian, Salz, Pfeffer und ein Stück Zucker. Bei geschlossenem Topf auf ganz kleiner Flamme mindestens zwei Stunden kochen lassen. Damit nichts am Boden ansetzt, muß gelegentlich mit dem Holzlöffel umgerührt werden. Ist das Püree genügend eingekocht und dunkelrot, können Sie das Omelett machen. Verquirlen Sie locker acht Eier – falls Sie zu mehreren sind, machen Sie besser zwei Omeletts –, und geben Sie Salz, Pfeffer und fünf bis sechs EL unseres Pürees hinzu. Schlagen Sie die Masse noch einmal leicht durch. Backen Sie das Omelett mit Olivenöl in einer heißen Pfanne bei mittlerer Hitze. Ist es auf der einen Seite fertig, schieben Sie es zum Wenden auf einen großen Topfdeckel oder, falls vorhanden, auf einen Omelettwender aus Keramik. Wenden Sie es, und lassen Sie es zurück in die Pfanne gleiten. Backen Sie es langsam auf der anderen Seite fertig. Danach abkühlen lassen.

Provenzalische Omelettwender

L'ANCHOÏADE

Anchovis-Sauce

Nehmen Sie zu dieser Sauce in Salz eingelegte Anchovis. Sie werden unter fließendem Wasser gewaschen und dann entgrätet. Etwa zehn Anchovis scheinen mir für diese Sauce zu reichen. Zerdrücken Sie die Anchovisfilets mit der Gabel, und geben Sie sie zusammen mit einem Gläschen Olivenöl, einem EL Essig und etwas frischgemahlenem Pfeffer in die Pfanne. Gelegentlich wird Knoblauch in diese Sauce gegeben, doch ich persönlich finde, daß er den Geschmack der Anchovis entstellt. Erhitzen Sie die Pfanne nur schwach, denn die Anchovis sollen im Öl schmelzen, ohne zu kochen. Langsam eine Viertelstunde rühren, bis sie gut aufgelöst sind.

Zu Hause können Sie diese Sauce mit rohem Gemüse reichen, das Sie in 15 cm lange Stäbchen schneiden. Zum Picknick nehmen Sie die Anchoïade in einem Schraubglas mit. Sie schmeckt köstlich zu Karotten, Frühlingszwiebeln, Selleriestangen und Fenchel (suchen Sie die weiblichen Knollen aus, die sind rundlicher und zarter als die männlichen!) oder zu kleinen Blumenkohlröschen.

LA TERRINE DE LAPIN

Kaninchen-Terrine

Entbeinen Sie ein schönes Kaninchen und achten Sie darauf, daß Sie die Filets möglichst in einem Stück herauslösen. Legen Sie das Fleisch für mindestens drei Stunden in eine Marinade aus einem Glas Cognac, Estragon, Salz und frisch gemahlenem Pfeffer. Danach die Filets gut abtropfen lassen, die Marinade aufbewahren. Nun bereiten Sie mit einem Fleischwolf die Farce vor: Drehen Sie 600 g Schweinefleisch, 600 g Kalbfleisch und 250 g fetten Bauchspeck durch, würzen Sie mit etwas Estragon, Salz und Pfeffer und fügen Sie den Rest der Marinade hinzu. Binden Sie alles mit einem Eigelb.

Kleiden Sie die Terrine mit dünnen, breiten Speckscheiben aus und geben Sie eine Schicht Farce, eine Schicht Kaninchenstücke, wieder eine Schicht Farce und so fort in die Form. Zuoberst kommt eine Farce-Schicht. Bedecken Sie alles mit einer Speckscheibe und bohren Sie in die Mitte ein Abzugsloch. Nun kommt die geschlossene Terrine in ein Wasserbad und muß im heißen Ofen etwa eineinhalb Stunden garen. Am Ende der Garzeit nehmen Sie sie

Picknick an der Sorgue (folgende Doppelseite)

aus dem Ofen, heben den Deckel ab und legen auf das Fleisch ein Brettchen, das Sie mit einem etwa 250 g schweren Gegenstand bedecken. Dadurch verfestigt sich die Terrine. Sie hält sich gekühlt zwei bis drei Monate frisch. In diesem Fall sollte sie aber mit einer einen Zentimeter dicken Schmalzschicht abgedeckt werden. Am besten schmeckt sie übrigens, wenn sie schon einige Tage vorher zubereitet wurde.

Le saucisson de lapin aux olives

Kaninchenwurst mit Oliven

Wein: Côtes du Ventoux (rosé)

Für diese köstliche Fleischpastete drehen Sie je 400 g Kalb- und Schweinefleisch und 150 g geräucherten Speck durch den Fleischwolf und hacken 300 g entsteinte schwarze Oliven und drei Knoblauchzehen. Lösen Sie ein Kaninchen von etwa eineinhalb Kilo von den Knochen und schneiden Sie das Fleisch in kleine Würfel. Mischen Sie nun alles gut durcheinander und fügen Sie ein Gläschen Cognac, zwei EL Olivenöl sowie Salz und frisch gemahlenen Pfeffer hinzu (nicht mit Salz und Pfeffer geizen, die Farce muß kräftig gewürzt sein). Zwei Stunden durchziehen lassen. Verquirlen Sie zwei Eier und geben Sie sie zu der Farce. Inzwischen nähen Sie sich ein 15 auf 50 cm langes Leinensäckchen, füllen es mit Farce und nähen es oben zu.

In einem Fischtopf oder einem anderen großen Topf setzen Sie nun eine Bouillon auf, die gerade eben die Wurst bedecken soll, mit grobem Salz, Pfefferkörnern, einem Kräuterbund aus grünem Lauch, Lorbeer, Thymian, Sellerie, Petersilie und etwas Salbei, zwei Karotten, einer mit drei Nelken gespickten Zwiebel und zum Gelieren einem in der Mitte gespaltenen Kalbsfuß. Wenn das Wasser kocht, legen Sie die Wurst hinein, und lassen Sie sie drei Stunden sieden. Danach nehmen Sie sie aus dem Sud und lassen sie erkalten, bevor Sie den Stoffsack aufschneiden.

Gemüse und Kräuter werden aus dem Sud entfernt, dieser wird mit dem Kalbsfuß noch ein wenig eingekocht, danach durch ein Sieb passiert und an einen kühlen Ort zum Erstarren beiseite gestellt. Servieren Sie die Wurst in Scheiben geschnitten, garniert mit Fleischgeleewürfeln und schwarzen Oliven.

LE CAKE AUX OLIVES VERTES

Olivenbrot

Dieses Olivenbrot ist für ein Picknick wie geschaffen, kann aber ebensogut auch mit einem Glas Wein zum Aperitif serviert werden. Für eine große Kastenform mischen Sie in einer Schüssel 300 g Mehl, ein Päckchen Backpulver, einen halben TL feines Salz, 150 g entsteinte grüne Oliven, 150 g Schinkenwürfel, 150 g geriebenen Gruyère, drei ganze Eier, 20 cl Muscat Beaumes-de-Venise und 15 cl Olivenöl. Kleiden Sie die Kastenform mit gebuttertem Pergamentpapier aus und füllen Sie den Teig ein. Fünfundvierzig Minuten bei schwacher Hitze backen. Das Brot ist gar, wenn ein Messer, mit dem Sie hineinstechen, sauber bleibt. Im Gegensatz zum süßen Cake (Rezept S. 48) schmeckt dieses Olivenbrot am besten, wenn es ganz frisch am gleichen Tag gegessen wird Aber lassen Sie es vor dem Anschneiden ganz auskühlen.

Um den Wein zu kühlen, hängt man die Flaschen in den Fluß

LA DAUBE DE BŒUF EN GELÉE

Rindfleisch in Aspik

Schneiden Sie zwei Kilo »galinette« in Würfel »von der Größe eines Eis«. Diese fantasievolle und doch zutreffende Maßangabe stammt übrigens aus dem Kochbuch meiner Großmutter Athalie. Die »galinette« ist das provenzalische Wort für die Nuß, das Stück Rindfleisch aus der Haxe. Geben Sie in eine Daubière oder einen Schmortopf ein paar Speckschwarten, einige Würfel durchwachsenen Speck, ein nußgroßes Stück Butter und einen EL Olivenöl; darauf kommen die Fleischstücke und ein in zwei Hälften gehackter Kalbsfuß, eine in Scheiben geschnittene Karotte, getrocknete Orangenschale, ein Lorbeerblatt, drei bis vier geviertelte Knoblauchzehen und Salz und Pfeffer (nicht allzu sehr salzen wegen des Specks). Bedecken Sie alles mit gutem Weißwein.

Den Topf schließen und auf kleiner Flamme fünf Stunden schmoren lassen. Am Ende heben Sie die Fleischstücke vorsichtig heraus und stellen sie beiseite. Die Brühe wird durch ein Passiertuch geseiht. Gut entfetten. Gießen Sie zwei Schöpflöffel dieser Fleischbrühe auf den Boden einer Terrine und stellen Sie sie zum Gelieren ins Tiefkühlfach. Auf diese erste Geleeschicht werden die Fleischstücke gelegt und der restliche Bratensaft darüber gegossen. Decken Sie die Form mit Alufolie ab und stellen Sie sie zum Festwerden einige Stunden in den Kühlschrank.

La salade de coudes

Muschelsalat

Eines Tages, als wir uns zu einem Picknick verabredet hatten und ich nur wenig Zeit hatte, den Korb vorzubereiten, habe ich diesen köstlichen rustikalen Salat improvisiert, wobei mir die zufällig vorhandenen Reste aus Speisekammer und Kühlschrank wie gerufen kamen. Vom Vortag war mir noch etwas vom Kichererbsengratin und ein Rest grüner Bohnen übrig geblieben, ich fügte noch eine Packung jener kleinen Muscheln hinzu, die man in der Provence »coudes« nennt, dazu einige Tomaten, und dieser kalte Salat wurde ein solcher Erfolg, daß er seitdem bei unseren »Déjeuners sur l'herbe« nicht mehr wegzudenken ist.

In der Küche: Sie nehmen fruchtiges Olivenöl, verrühren es mit einem TL Senf, zwei EL Essig, einer kleinen milden Zwiebel oder kleingeschnittenem Frühlingslauch und geben 250 g in reichlich Salzwasser, sozusagen »al dente« gekochte Muscheln hinzu. Dazu in Salzwasser mit einer geschnittenen Zwiebel gekochte, noch knackige grüne Bohnen und 250 g Kichererbsen, am Vorabend eingeweicht und zwei Stunden in Salzwasser gekocht. (Es sei denn, Sie hätten noch Spinatwasser übrig, das die Eigenschaft hat, die Kichererbsen weicher zu machen. In diesem Fall brauchen sie nicht am Vortag eingeweicht zu werden, es genügt dann eine Stunde Kochzeit.) Schneiden Sie 250 g schöne, nicht zu weiche Tomaten in Würfel und geben Sie sie obenauf, zusammen mit etwas geraspeltem trockenen Ziegenkäse und einigen gut abgetropften Kapern. Lassen Sie alles in dieser Schichtenfolge in Ihrer Salatschüssel und decken Sie sie mit Alufolie ab. Erst im letzten Moment kurz vor dem Servieren mischen.

Muschelsalat

Le bœuf en daube

Rinderschmortopf

Wenn Sie sich im Winter einmal einen schönen heißen Schmortopf wünschen, mit selbstgemachten Nudeln oder einem köstlichen Camargue-Reis, dann nehmen Sie das gleiche Rezept wie für Rindfleisch in Aspik (S. 145). Es bleibt für den Schmortopf bis auf ein paar Details genau gleich. Sie nehmen statt des Schlegels ein Stück Rinderbacke und lassen den Kalbsfuß weg, der ja nur für das Gelée nötig war. Statt des gehackten Knoblauchs verwenden Sie sechs bis sieben (oder mehr) ungeschälte Knoblauchzehen und beschränken sich auf die Hälfte der oben angegebenen Menge Weißweins. Sonst bleibt alles gleich. Noch ein letzter köstlicher Rat meiner Großmutter: Will man ein billigeres und ergiebigeres Essen, 45 Minuten vor dem Essen in dicke Rädchen geschnittene Karotten zusammen mit einer kleinen Knoblauchzehe und einer kleinen Zwiebel (nach dem Kochen entfernen) in das kochende Salzwasser geben. Die Karotten mit schwarzen Oliven im letzten Moment untermischen.

La tourte de Nanie

Nanies Kuchen

Hier noch ein Rezept meiner Mutter, ein schneller Kuchen für einen improvisierten Tee oder ein Picknick: Auf ein großes Ei braucht man sechs EL Mehl, sechs EL feinen Zucker, vier EL Milch, vier EL ausgelassene Butter, ein dreiviertel Päckchen Backpulver und die abgeriebene Schale von zwei Zitronen.

Mischen Sie die Zutaten in einer Schüssel, füllen Sie den Teig in eine gebutterte Springform und backen Sie den Kuchen zwanzig Minuten bei mittlerer Hitze.

LE CLAFOUTIS AUX CERISES

Kirschauflauf

Besonders gut schmeckt mir dieser köstliche Kirschauflauf mit großen schwarzen, ganz reifen Kirschen, aber man kann dazu in einer anderen Jahreszeit genausogut andere Früchte nehmen: im Sommer Pfirsiche, im Herbst Birnen und Feigen, im Winter Äpfel.

Streichen Sie als erstes eine ofenfeste Form aus Keramik oder Porzellan gut mit Butter aus. Füllen Sie den Boden drei Zentimeter hoch mit entstielten, nicht entsteinten Kirschen. Mischen Sie getrennt in einer Schüssel fünf EL Mehl mit fünf EL Zucker und einer Prise Salz. Schlagen Sie langsam fünf dl Milch unter und achten Sie darauf, daß sich keine Klümpchen bilden. Rühren Sie nach und nach fünf ganze Eier unter. Die Mischung über das Obst gießen und die Form für eine Viertelstunde bei mittlerer Hitze in den Ofen schieben. Anschließend mit Puderzucker überstäuben, Butterflöckchen darüber verteilen und erneut zehn Minuten überbacken. Der Clafoutis kann warm oder kalt gegessen werden.

Ein Ausflug zum Strandhaus

Unser Strandhaus liegt irgendwo in einer kleinen Bucht ganz in der Nähe von Marseille. Früh am Morgen, bevor Sie am Vieux-Port das Boot nehmen, kaufen Sie erst einmal Fisch ein, es sei denn, Sie vertrauen tatsächlich ihrem Anglerglück. Gehen Sie nun, vollbepackt mit Proviant und den Wasser- und Weinflaschen, an Bord. Die Überfahrt dauert nur ein Viertelstündchen, aber nun müssen Sie noch ein Stück auf dem steinigen Weg marschieren. Ja, ich weiß, die Körbe sind entsetzlich schwer. Aber da sind wir schon: Vor uns das Häuschen, die Felsen, das Meer, die Schönheit der Natur, das freie Leben …

Während die einen zum Seeigel-Fischen gehen, bereiten die anderen die Glut vor, und unsere Tante Anne kocht die Sauce für die Nudeln. Tante Anne ist eine waschechte Marseillerin, sie stammt aus dem Quartier Saint-Jean und ist, wie man hier sagt, eine echte »San Janenque«. Sie ist die Enkelin einer Fischhändlerin vom Vieux Port, die eines Tages aus Neapel herübergekommen war. Und so kommt es, daß die echte Marseillaiser Küche gelegentlich einen kleinen italienischen Akzent hat… Übrigens ist es gerade zwei Jahre her, daß an Weihnachten auf dem Krippenmarkt oben an der Canebière unter den Santons, zwischen Ochs und Eselein, Grasset und Grasseto, zwischen dem Blinden und dem Pistazienhändler plötzlich eine neue Krippenfigur aufgetaucht ist: Pizzaiolo, der neapolitanische Emigrant, der nun endlich auch ein echter Provenzale geworden ist. Und das ist eigentlich nur recht und billig, denn die Pizza ist in der Provence schon seit langem ein Nationalgericht.

»Seeungeheuer« auf Spaghetti, im Schatten serviert

Doch zurück in unser kleines Strandhaus. Die Holzglut ist fast perfekt, und die Goldbrasse wartet brav auf ihrem Rost. Tief unten im Kochkessel läßt »das Seeungeheuer« im Knoblauch- und Tomatendunst ein seltsames Gurgeln hören. Auf der Terrasse decken die Kinder gerade den Tisch – übrigens eine durchaus bemerkenswerte Bretterkonstruktion, mit einem Überzug aus einem Linoleum im Stil der fünfziger Jahre, und dazu ebenso eigenwillige Stühle. Es gibt hier tatsächlich einen veritablen »Strandhütten-Einrichtungsstil«, ja fast verdient das, was hier aus Ölkanistern und zerbrochenen Tellern mit viel Fantasie und atemberaubendem Geschmack zusammengebastelt wurde, schon das Etikett »Strandhütten-Kunst«. In den Buchten von Cassis, von Les Goudes bis zur Pointe Rouge, in Malmousque, im Vallon des Auffes, von l'Estaque bis Martigues und rund um den Étang de Berry bekunden Hunderte von kleinen Strandhäusern diesen unglaublichen Einfallsreichtum ihrer Erbauer. Hier, inmitten von Sand und Fels oder zumindest in einer wegen des fehlenden Süßwassers und der salzhaltigen Feuchtigkeit des Meeres nur recht spärlichen Vegetation, trifft man die kuriosesten Konstruktionen an. Häufig sind sie aus dem Sperrmüll der nächsten Stadt zusammengezimmert. Doch ob verspielt oder gewagt, eines haben sie alle in ihrer Einfachheit oder Verrücktheit gemeinsam: Sie sind kleine Oasen des Vergnügens und Ausdruck eines unbeschwerten Lebensgefühls.

LES OURSINS

Seeigel

Unsere Mahlzeit soll mit einer Schüssel Seeigel beginnen. Aber zuvor möchte ich Ihnen noch einige Ratschläge für deren Fang geben, denn selbst wenn man natürlich bei allen guten Fischhändlern herrliche Seeigel bekommt, macht es doch viel mehr Spaß, sie selbst zu fischen und gleich an Ort und Stelle zu verzehren.

Wie für Austern und Muscheln, gilt auch für Seeigel, daß sie zwischen Mai und September nicht gesammelt werden, um den Bestand nicht zu gefährden. Aber wir haben April, das Wetter ist herrlich, das Meer ist ruhig, also lassen Sie uns losziehen. Egal, wenn die Seeigel nicht mehr ganz so »voll« sind wie im Februar. Ziehen Sie sich unbedingt Plastiksandalen an, die Stacheln der Seeigel sind gefährlich. Rüsten Sie sich mit einem Kartoffelsack aus, in dem Sie die Ausbeute verstauen, dazu ein Eimer mit Glaseinsatz, um den Meeresgrund besser inspizieren zu können. Falls Sie Angst haben, sich die Finger zu zerstechen, nehmen Sie auch eine alte Gabel oder einen Schaber mit, um die Seeigel von den Felsen zu kratzen. Ich sammle sie allerdings lieber mit der bloßen Hand, mit etwas Übung ist das völlig ungefährlich. Sie werden Seeigel in allen Farben zu sehen bekommen. Alle kleinen, ob sie nun violett, blau, rot oder grün sind, sind noch gut. Nehmen Sie aber nicht die großen schwarzen Seeigel, es wäre unnötige Mühe, sie sind leer. Zu Hause im Strandhaus bleiben sie bis zum Essen im nassen Sack; wenn sie zu trocknen drohen, müssen sie gelegentlich befeuchtet werden.

Die Seeigel dürfen erst im letzten Moment geöffnet werden. Sie müssen dazu eine alte Haushaltsschere opfern, die hinterher zu nichts anderem mehr taugt. Schneiden Sie jedem Seeigel auf der flachen Seite rings um die Speiseöffnung eine Kappe heraus. Passen Sie dabei auf, daß Sie das orangefarbene Fleisch nicht beschädigen. Aber wenn Sie es zwei-, dreimal probiert haben, haben Sie es schnell heraus. Sie können natürlich das Salzwasser und die braunen Ablagerungen entfernen, so daß lediglich nur das orangefarbene Fleisch zurückbleibt, wahre Seeigel-Genießer jedoch essen alles.

Essen Sie nun Ihre Seeigel sofort, indem Sie wie beim weichen Frühstücksei Brotstückchen hineintunken. Und nehmen Sie keine Zitrone oder Essig dazu! Es wäre jammerschade um den köstlichen Geschmack der Seeigel.

Les frites aux lardons comme à Vinsobres

Krosse Pommes frites à la mode de Vinsobres

Wein:
Vinsobres
(rot)

Wer noch nie bei meiner Freundin Hélène Pommes frites gegessen hat, kann gar nicht ahnen, durch welches Wunder sich dicke, in Olivenöl fritierte Kartoffelschnitze in ein derart traumhaftes Gericht verwandeln können. Dabei ist das Geheimnis so einfach! Hélène war so großmütig, es mir zu verraten, hier ist es: Man wäscht und schält sechs bis sieben große Kartoffeln und schneidet sie in dicke Schnitze. Gießen Sie Olivenöl 1 cm hoch in eine große Pfanne und erhitzen Sie es. Die Kartoffeln sorgfältig mit einem Küchentuch trockentupfen, bevor sie in das heiße, aber nicht brodelnde Fett kommen. Sie sollen ganz sanft fritiert werden, das Öl sollte dabei nur »zittern«, so daß sie allmählich schön goldbraun werden. Ist das Öl zu heiß, werden sie dunkel, bevor sie gar sind. Ist das Öl nicht heiß genug, werden sie weich und saugen sich voll Öl. Wenden Sie sie von Zeit zu Zeit mit einer Gabel, damit sie ringsum bräunen.

Und nun kommt das eigentliche Geheimnis: Nach zehn Minuten wirft man mindestens zehn, keinesfalls weniger, ungeschälte Knoblauchzehen ins Öl (die man in Vinsobres »lardons«, Speckstückchen, nennt) und fritiert sie zusammen mit den immer wieder gewendeten Fritten. Dabei ergibt sich eine eigentümliche Alchimie, die den Pommes frites nicht nur ihr Aroma verleiht, sondern sie auch außergewöhnlich kroß werden läßt. Wenn sie also braun und knusprig sind, kommen sie aus dem Öl in eine mit Küchenpapier ausgelegte Schüssel. Reichlich salzen und gut durchschütteln, damit sich das Salz verteilt. Tragen Sie sie sofort auf, es gibt nichts Köstlicheres!

Eigentlich ist dies ein Gericht für sich, und wenn diese Pommes frites auch noch so gut zu Fisch oder gegrilltem Fleisch passen, so rate ich Ihnen doch, sie entweder vorher zu reichen oder zusammen mit grünem Salat.

Seeigel, gerade geöffnet

La daurade badusclée du baron

Bepinselte Goldbrasse

Der Baron, dem ich dieses Rezept verdanke, stammt aus Toulon und ist ein leidenschaftlicher Fischer. Er geht mal schnell »aufs Meer hinaus« – und wenn er zurückkommt, zappelt jedesmal in seinem Korb ein Fisch für das Mittagessen. Das Rezept ist rustikal und einfach, und sein Erfolg hängt hauptsächlich von der Qualität und Frische des Fisches ab. Die Goldbrasse ist in der Tat Gold wert, aber auch andere Brassenarten wie »Binden«- und »Rotbrasse« eignen sich gut für dieses Gericht.

In der Küche: Bereiten Sie eine schöne Glut aus Rebholz und Wurzelstöcken vor.

Die Goldbrasse wird geschuppt, sorgfältig ausgenommen und ausgetupft, aber nicht gewaschen. Innen salzen und pfeffern und mit etwas Salbei und Fenchel füllen. Beiseitestellen und durchziehen lassen.

Unterdessen bereiten Sie in einem Schüsselchen eine Vinaigrette aus Salz, Pfeffer, Olivenöl und wenig Essig vor.

Fertigen Sie sich einen kleinen Pinsel an, indem Sie ein dickes Büschel frischen Salbei mit Garn an einem 30–40 cm langen Stöckchen festbinden. Dieser kleine Salbeipinsel dient dazu, die Goldbrasse während des Bratens mit der Vinaigrette zu bepinseln (in Toulon sagt man »baduscler« für bepinseln, daher der Rezeptname). Man muß das Bepinseln oft wiederholen, damit der Fisch nicht austrocknet.

Legen Sie die Goldbrasse zwischen zwei Roste und lassen Sie sie über der Holzglut von jeder Seite etwa zehn Minuten braten. Um zu prüfen, ob sie gar ist, können Sie kurz mit dem Messer zwischen Kiemen und Rückengräte einstechen. Die Bratzeit wird natürlich von der Größe des Fisches abhängen.

Verbrennen Sie am Schluß den kleinen Pinsel im Feuer, er hat ausgedient. Dieses Goldbrassen-Rezept läßt sich auch im Ofen machen, es ist dann sogar noch köstlicher. Reichen Sie dazu »Fenchelknollen im Liebesäpfelbett«.

Wein: Coteaux d'Aix en Provence (weiß)

Pinsel aus Salbei

Les fenouils aux pommes d'amour

Fenchelknollen im Liebesäpfelbett

Dies ist die ideale Beilage zu unserer Goldbrasse. Lassen Sie zwei grobgehackte Zwiebeln und 100 g gewürfelten Schinkenspeck in einer Pfanne mit Olivenöl anschmoren. Fügen Sie dann sechs schöne halbierte Fenchelknollen, fünf oder sechs ungeschälte Knoblauchzehen, ein Glas Weißwein, Salz und Pfeffer hinzu. Etwa zehn Minuten schmoren lassen, bevor Sie sechs reife Tomaten oder ein Glas mit eingemachten ganzen Tomaten hinzufügen (Rezept auf gegenüberliegender Seite).

Bei geschlossenem Deckel eine gute Stunde sacht kochen lassen.

La morue du Grandet

Stockfisch Grandet

Hier ist ein Rezept für Faulpelze, aber wer im Strandhaus ist, will nun mal lieber wie eine Eidechse auf den warmen Felsen schmoren als in der Küche.

WEIN: Coteaux d'Aix en Provence (rosé)

Wählen Sie einige schöne Stockfischfilets aus. Sie sollen gesalzen, aber nicht zu trocken sein. Waschen Sie sie sorgfältig unter fließendem Wasser, und wässern Sie sie dann einige Stunden. Es brauchen allerdings nicht vierundzwanzig Stunden zu sein, denn anschließend werden sie in viel Wasser pochiert und sollen dabei noch etwas Salz an das Gemüse abgeben und es aromatisieren.

In einen großen Kessel mit kochendem Wasser kommen Karotten, Lauch, alte Kartoffeln, weiße Rüben, Kürbis- und Fenchelstücke, alles geschält und in grobe Stücke geschnitten. Fügen Sie noch einen Schuß Olivenöl, zwei Lorbeerblätter, einige Pfefferkörner, aber auf keinen Fall Salz hinzu. Lassen Sie das Gemüse eine halbe Stunde kochen und geben Sie, wenn es weich ist, den Stockfisch in den Sud. Die Hitze ausschalten und den Fisch zehn Minuten pochieren. Heben Sie ihn heraus, lassen Sie ihn abtropfen, und richten Sie Fisch und Gemüse, mit etwas Olivenöl beträufelt, zusammen auf einer Platte an. Der Stockfisch ist zwar noch immer salzig, aber zusammen mit dem Gemüse schmeckt er köstlich.

LES CONSERVES DE TOMATES ET LE COULIS

Eingemachte Tomaten und Tomaten-Coulis

Schon wahr, heute kann man im Laden ganz ausgezeichnete Tomatenkonserven bekommen. Aber wenn Sie im Juli, wenn man Tomaten fast nachgeworfen bekommt, gerade Zeit haben, und wenn es Sie lockt, einmal den Hausfrauenstolz vergangener Zeiten nachzuerleben, dann probieren Sie doch einmal das Einkochen aus. Ich sage Ihnen wie. Und hinterher nehmen Sie Ihr Eingemachtes ins Strandhäuschen mit.

Erst einmal wollen wir Tomaten im Ganzen einmachen. Hierfür brauchen wir feste, nicht zu reife Tomaten. Sie werden gewaschen, getrocknet, halbiert und die Kernchen entfernt. Dann schichten Sie sie in Gläser. Bedecken Sie sie mit leicht gesalzenem Wasser und verschließen Sie die Gläser luftdicht. Stellen Sie sie in den Einkochkessel. Früher stopfte man Heu oder Stroh zwischen die Gläser, damit sie beim Kochen nicht aneinanderstoßen. Setzen Sie den mit kaltem Wasser gefüllten Einmachkessel auf den Herd. Sobald das Wasser kocht, sterilisieren Sie die Gläser etwa fünfzehn Minuten.

Beim Coulis geht es darum, ein Tomatenpüree ohne Gewürz haltbar zu machen. Dieses Püree wird als Basis verwendet. Man nimmt es im Winter, wenn Tomaten teuer sind und fade schmecken, anstelle von frischen Tomaten als Grundlage für köstliche Saucen (Rezept S. 38). Sie sollten runde, reife Tomaten wählen. Ziehen Sie ihnen die Haut ab und entkernen Sie sie. (Um die Haut leichter abzuziehen, genügt es, sie zwei Minuten in kochendem Wasser ziehen zu lassen.) Unnötig zu sagen, daß die Tomatenschale eigentlich der Sauce einen besonders guten Geschmack gibt, aber leider ist sie absolut unverdaulich! Schneiden Sie das Tomatenfleisch in Stücke und lassen Sie es eine gute Viertelstunde kochen. Durch ein Sieb passieren

und das so gewonnene Püree in Gläser füllen. Früher konservierte man das Coulis übrigens in Champagnerflaschen. Die Gläser werden luftdicht verschlossen und ebenfalls (wie beim Einkochen der ganzen Tomaten) mit etwas Stroh oder Heu in den Zwischenräumen in den Einkochkessel gestellt. Füllen Sie diesen mit kaltem Wasser und sterilisieren Sie die Gläser, sobald das Wasser kocht, eine Stunde. Erst wenn sie völlig abgekühlt sind, sollten Sie sie aus dem Kessel nehmen.

Les spaghetti au monstre

»Seeungeheuer« auf Spaghetti

Zunächst einmal werden wir das Seeungeheuer schmoren. Unser Ungeheuer ist ein Tintenfisch von einem, höchstens eineinhalb Kilo. Ist er schwerer, könnte er zu hart sein. Er sollte auch nicht allzu frisch sein, dann ist die Haut noch zu fest. Ideal wäre es, wenn er am Vortag gefangen wurde und einen Tag und eine Nacht im Kühlschrank war. Schlagen Sie ihn zunächst einmal ziemlich lange gegen einen großen Stein, dadurch wird er wesentlich weicher. Dann entfernen Sie Augen und alle harten Teile vom Kopf sowie die Eingeweide, aber nicht die Haut.

Lassen Sie in einem großen Tontopf vier geschälte Knoblauchzehen in Olivenöl goldbraun werden – goldbraun, nicht braun. Schöpfen Sie sie wieder heraus und geben Sie eineinhalb Kilo reife, geschälte und grob gehackte Tomaten in den Topf (oder verwenden Sie ein Glas eingemachte Tomaten). Mit einer kleinen roten Pfefferschote und etwas Pfeffer würzen. Gesalzen wird erst zum Schluß, denn der Tintenfisch gibt womöglich noch etwas Salzwasser ab. Kochen Sie die Sauce zwanzig Minuten und geben Sie dann den Tintenfisch hinein. Er sollte je nach Gewicht etwa eineinhalb Stunden im geschlossenen Topf kochen.

Wein: Coteaux d'Aix en Provence, Les Beaux (rot)

Wenn Sie mit einer Gabel mühelos hineinstechen können, ist das »Ungeheuer« weich. Ist die Sauce zu flüssig, lassen Sie sie bei geöffnetem Deckel eindicken. Falls notwendig, salzen und mit reichlich Petersilie überstreuen.

Kochen Sie die Nudeln in reichlich Salzwasser »al dente«, schütten Sie das Kochwasser ab, und mischen Sie alles kurz vor dem Auftragen: Nudeln, Sauce – und das Seeungeheuer.

Spaghetti mit »Seeungeheuer«

Les spaghetti aux clovisses

Spaghetti mit Teppichmuscheln

Wein: Palette (weiß)

Dünsten Sie in einer Schwenkpfanne zwei geschälte, feingehackte Knoblauchzehen und eine zerkleinerte Pfefferschote in Olivenöl goldbraun und geben Sie ein Kilo Teppichmuscheln hinzu. Warten Sie, bis sie sich bei schwacher Hitze öffnen.

Mischen Sie die geöffneten Muscheln mit 500 g Spaghetti, die Sie kurz zuvor »al dente« gekocht haben, und einer Handvoll gehackter glatter Petersilie. Danach sofort auftragen und geriebenen Gruyère dazu reichen.

Les spaghetti à la saucisse de tatie Anne

Spaghetti mit dreierlei Fleisch

Wein: Palette (rosé)

In einem gußeisernen Topf dünsten Sie vier Knoblauchzehen in Erdnußöl goldbraun. Herausschöpfen und beiseite stellen. Im selben Öl braten Sie danach einige Knoblauchwürstchen, mehrere Schweinekoteletts und einige Stücke Schinkenspeck. Das Fleisch aus dem Topf nehmen und ebenfalls beiseite stellen. Ein Kilo reife Tomaten häuten und in Stücke schneiden (oder ein Glas Ihrer eingemachten Tomaten verwenden), zusammen mit den angebräunten Knoblauchzehen, einigen Blättchen Basilikum, Salz, Pfeffer und einem Stück Würfelzucker in den Topf geben und eine halbe Stunde sanft köcheln lassen. Anschließend das Fleisch noch für eine Viertelstunde dazugeben.

Richten Sie es auf einem »al dente« gekochten Spaghetti-Bett mit geriebenem Käse an.

Les navettes

Mürbeteig-Schiffchen

Navettes sind ein kleines, helles, mit Orangenblütenwasser aromatisiertes Gebäck in Form eines Weberschiffchens, jener kleinen länglichen Holzspule, mit welcher der Weber auf dem Webstuhl den Schußfaden durch die Kettfäden schießt. In meiner Kindheit in Aix kaufte man die Navettes in einer Konditorei in der Rue des Tanneurs, und wenn sie gerade gebacken wurden, duftete es die ganze Rue des Cordeliers bis hinauf zur Rue Espariat. Natürlich gibt es den Laden in der Rue des Tanneurs schon lange nicht mehr, dafür ist hier eines der feinsten Rezepte für Navettes.

In der Küche: Sie kochen einen Zuckersirup aus 1 dl Wasser und 120 g Zucker, lassen ihn fünf Minuten brodeln und anschließend abkühlen. Sieben Sie nun 300 g Mehl und eine Prise Salz in eine Schüssel, und kneten Sie daraus mit 150 g weicher Butter einen Mürbeteig. Über den Teig gießen Sie den Sirup und einen EL Orangenblütenwasser.

Damit der Teig weich und geschmeidig wird, muß er gut durchgeknetet werden. Rollen Sie ihn mit dem Nudelholz etwa acht Millimeter dick aus, und schneiden Sie mit dem Messer Rauten von sieben Zentimeter Länge aus. Kerben Sie jedes Biskuit einmal längs ein. Die Schiffchen werden auf das gebutterte Backblech gesetzt und bei mittlerer Hitze zwanzig Minuten gebacken. Navettes dürfen keine Farbe annehmen, sie sollen blaß bleiben. Lassen Sie sie ganz auskühlen, bevor Sie sie in eine Blechdose schichten, um sie ins Strandhaus mitzunehmen.

Mürbeteig-Schiffchen

La brousse du rove

Brousse du Rove

Der Brousse du Rove ist ein exzellenter Frischkäse aus Ziegenmilch, den man seit jeher auf dem Rove herstellt, einem Hügel unmittelbar bei Marseille, zwischen L'Estaque und La Redonne. Er wird in eigenartigen kleinen Behältern angesetzt: Sie sind lang und schmal und an der Unterseite durchlöchert, damit die überschüssige Molke abfließen kann. Früher waren diese Behälter aus mundgeblasenem Glas oder aus geflochtenem Stroh, heute sind sie aus Plastik. Aber das bekommt dem Käse ebenso gut.

Seit jeher zogen die jungen Ziegenhirten, einen großen Weidenkorb auf dem Rücken, durch die Straßen von Marseille, ja sogar bis hinauf nach Aix, um ihren Käse zu verkaufen. Wenn sie kamen, bliesen sie dann in ihr Horn und riefen: »La Brousse du Rove!« Noch heute habe ich diesen langgezogenen Ruf im Ohr. Sie existieren nicht mehr, diese Händler in den Straßen von Aix, doch zum Glück gibt es auf dem Rove noch einige Ziegen, deren Käse man in guten Molkereien und auf bestimmten Märkten auch immer noch bekommt.

Der Brousse du Rove wird ganz frisch gegessen, mit einem Schuß Rum und ein wenig Zucker, oder auch mit einer guten Konfitüre, wie etwa der aus Feigen.

La confiture de figues

Feigenkonfitüre

Diese Konfitüre sollten Sie im September einkochen, wenn die Feigen schön fleischig sind. Eigentlich müßte man sie eher »eingemachte Feigen« nennen, denn wir lassen die Früchte ganz. Wählen Sie nicht zu reife und schön feste Feigen aus. Nehmen Sie eine Korkscheibe, durch die Sie etwa 10 Stecknadeln spießen, und stechen Sie damit die Früchte mehrmals an. Die Feigen werden mit kochendem Wasser übergossen, abgetropft und in einer Schüssel mit 750 g Zucker pro Kilo Früchte bedeckt. Bis zum nächsten Tag ziehen lassen. Dann werden sie so lange gekocht, bis der Sirup am Löffel haften bleibt. Ziehen Sie ein gutes Glas Rum unter, lassen Sie die Masse noch einmal aufkochen und füllen Sie sie dann in Gläser.

Im Schatten der Laube

Die Leute von hier konnten noch nie begreifen, warum die meisten Sommergäste so wild darauf sind, im August, bei vierzig Grad im Schatten, in der prallen Sonne zu Mittag zu essen. In einem Land, in dem man nicht etwa aus einem natürlichen Hang zur Faulheit die Siesta erfunden hat, sondern weil man schon die halbe Nacht auf dem Feld gearbeitet hat, ist es nur logisch und wohltuend, sich während der größten Hitze auszuruhen. Es grenzt an Wahnsinn, wie diese blassen Menschen offensichtlich mit aller Macht krebsrot werden wollen. Die Provenzalen schätzen die Sonne im Winter und im Sommer den Schatten. Deshalb lassen sie auch vor ihren Häusern Platanen, Zürgelbäume und Maulbeerbäume wachsen, die den nötigen Schatten spenden und die dann zur rechten Zeit ihr Laub abwerfen, um Licht und Wärme durchzulassen. Aus diesem Grund auch findet man an ihrem Haus häufig eine geräumige, weinumrankte Laube, wo in der warmen Jahreszeit der Eßtisch steht. Ein Mittagessen »sous la tonnelle« beginnt gegen halb zwölf mit dem Aperitif. Man kann dabei in aller Ruhe entspannt an einem Gläschen Nuß- oder Orangenlikör aus dem Vorjahr nippen und von den knusprig ausgebackenen Zucchiniblüten kosten, während man bereits aus der Küche den köstlichen Duft der Gemüsesuppe mit Basilikum erschnuppert …

Der Orangenlikör wird auf der Terrasse serviert

Rote und weiße Bohnen für die Gemüsesuppe mit Basilikum

Le vin de noix d'Olga

Olgas Nußlikör

Dieser Likör braucht ein Jahr, um zu reifen. Vierteln Sie im Juni fünfundzwanzig halbreife Walnüsse mit ihrer grünen Schale, und lassen Sie sie in einem Liter klaren Schnaps mit einer aufgeschnittenen Vanillestange mazerieren. Nach einem Monat filtern Sie den mit Nußaroma durchzogenen Schnaps heraus und gießen ihn mit fünf Litern gutem Rotwein und einem Kilo Zucker in eine Korbflasche. Fünf Monate lang kühl und dunkel aufbewahren, anschließend in Flaschen füllen, gut versiegeln und weitere sechs Monate warten, bevor Sie den Nußlikör kosten.

Le vin d'orange

Orangenlikör

Setzen Sie im Januar in einem großen Glastopf mit Deckel zwei Zitronen, fünf süße und fünf bittere Orangen mit der (ungespritzten) Schale und jeweils in Viertel geschnitten mit fünf Litern gutem Weißwein und einem Liter Schnaps zum Mazerieren an. Geben Sie ein Kilo Zucker und eine aufgeschnittene Vanillestange dazu, und stellen Sie das Glas an einen kühlen und vor allem dunklen Ort. Nach zwei Monaten können Sie die Flüssigkeit in Flaschen füllen und gut versiegeln. Wie beim Nußlikör müssen Sie auch hier bis zum Kosten etwa sechs Monate warten. Der Likör sollte eisgekühlt oder mit Eiswürfeln serviert werden.

Les beignets de courgettes et de fleurs de courgette

Ausgebackene Zucchini und Zucchiniblüten

Zum Aperitif bewirten Sie Ihre Gäste mit knusprigen ausgebackenen Zucchinischeiben und Zucchiniblüten.

Kochen Sie zunächst ein pikantes Tomaten-Coulis. In Olivenöl eine zerdrückte Knoblauchzehe und eine oder zwei kleine Pfefferschoten kurz anrösten, dann in Würfel geschnittene reife, rote Tomaten, etwas Salz, ein Stück Würfelzucker und einige Basilikumblätter hinzufügen. Zugedeckt auf niedriger Hitze eine Stunde kochen lassen. Inzwischen einen dünnen Backteig vorbereiten, indem man Mehl in Wasser einstreut und mit dem Schneebesen schlägt. Salzen und Pfeffern.

Nun wird das Gemüse vorbereitet: Entfernen Sie an den Blüten Fruchtknoten und Stengel, schneiden Sie die Zucchini in dünne Scheiben; Sie können auch zwei geschälte, ebenfalls in feine Scheiben geschnittene Kartoffeln dazunehmen.

Stellen Sie das Coulis kalt; es sollte allerdings nicht eiskalt serviert werden.

Fritieren Sie das Gemüse erst im letzten Moment, es sollte heiß gereicht werden. Erhitzen Sie dazu in einer großen Pfanne reichlich Erdnußöl. Tauchen Sie die Blüten und die Gemüsescheiben, einzeln auf eine Gabel gespießt, zuerst in den Fritierteig, dann in das heiße Öl, und lassen Sie sie von beiden Seiten bräunen.

Legen Sie sie auf eine vorgewärmte Platte auf Küchenpapier und bieten Sie sie zusammen mit der Sauce sofort an.

Le bocal d'anchois

Eingelegte Anchovis

Der Frühling ist der beste Zeitpunkt, um diese Anchovis einzulegen. Sie brauchen dazu von Ihrem Fischhändler schöne dicke und vor allem frische Anchovis, das ist entscheidend für das Rezept. Waschen Sie die Anchovis nicht, sondern tupfen Sie sie gut trocken, sie werden auch nicht ausgenommen. Legen Sie sie in einer großen Schüssel drei Stunden lang in Salz ein, wobei Sie soviel Salz nehmen, wie die Anchovis schwer sind. Kein grobes Salz verwenden, sonst dauert das Einsalzen sehr viel länger. Nach drei Stunden herausnehmen und weitere drei Stunden in weißem Weinessig ziehen lassen. Jetzt können Rückengräte und Kopf entfernt und die Anchovisfilets eingelegt werden, wobei immer wieder Knoblauchzehen, gehackte Petersilie und Olivenöl hinzugefügt werden. Das Glas kühl aufbewahren, jedoch nicht länger als einen Monat. Denken Sie daran, die Anchovis einige Stunden vor dem Servieren aus dem Kühlschrank zu nehmen, und essen Sie sie mit Brot und Butter. Ein Genuß!

Bei Bruno Carles im Landhaus de Malherbes in der Petite Camargue (folgende Doppelseite)

La soupe au pistou de tata Lilette

Gemüsesuppe mit Basilikum

Setzen Sie drei Liter Salzwasser auf und kochen Sie darin etwa zwei Stunden lang 250 g rote Bohnen, 250 g weiße Bohnen, 400 g kleingeschnittene Stangenbohnen, zwei Zucchini und drei Kartoffeln, jeweils in Würfel geschnitten, und das ist alles. Geben Sie keinesfalls der Versuchung nach, wegen der schönen Farbe noch ein paar Karotten hineinzuschneiden, ihr Geschmack verändert das Basilikumaroma, auf das es bei diesem Rezept ankommt. Schöpfen Sie nach eineinhalb Stunden die Zucchini- und Kartoffelstücke aus dem Topf, zerdrücken Sie sie mit der Gemüsepresse oder einer Gabel, und geben das Püree wieder in die Suppe zurück.

Nun kommt das Pistou dran. Kochen Sie zunächst in der Suppe drei ganze Tomaten eine halbe Stunde lang. Nehmen Sie sie heraus, ziehen Sie die Haut ab, und lassen Sie sie im Sieb abkühlen. Zerstoßen Sie in einem großen Marmormörser mit dem Holzstößel eine Handvoll Basilikumblätter mit sieben Knoblauchzehen. Fügen Sie die drei abgezogenen Tomaten, fünf EL Olivenöl und 150 g geriebenen Käse hinzu. Hier eignet sich am besten der »Rouge«, der rote, trockene Holländer. Sie können selbstverständlich ebensogut Gruyère oder Parmesan nehmen. Reichlich pfeffern, und alles kräftig mit dem Stößel zu einer glatten, homogenen Paste verrühren.

Einige Minuten vor dem Anrichten werfen Sie drei Handvoll kleine Muschelnudeln in die Suppe. Sobald sie gar sind, nehmen Sie den Topf vom Herd und lassen die Suppe etwas abkühlen, ehe Sie das Pistou unterziehen. Entweder Sie tragen die Gemüsesuppe sofort auf, oder Sie essen sie am nächsten Tag kalt. Diese dicke Suppe ist natürlich sehr nahrhaft, und weil sie so gut ist, hat man Lust, sich ein zweites Mal den Teller zu füllen. Sie sollte deshalb als Hauptmahlzeit gegessen werden, danach vielleicht noch ein kleiner Salat, etwas Ziegenkäse und – ein gutes Dessert.

La soupe d'ortie ou de fanes de radis

Brennessel- oder Radieschenblätter-Suppe

Hier nun eine ganz leichte und wirklich billige Suppe, die ein köstlicher Auftakt zur Mahlzeit ist und Ihre Freunde überraschen wird. Es ist eine echte Frühlingssuppe für die Zeit der ganz jungen Radieschen und der ersten Brennesselblättchen.

Sie brauchen dazu entweder das Grün von einem dicken Bund Radieschen, oder Sie gehen sich einen Strauß ganz junger, hellgrüner Brennesseln pflücken. Wenn Sie die Blätter nur von der Unterseite anfassen, brennen sie nicht. Und außerdem… brauchen Sie nur Handschuhe anzuziehen…

Waschen Sie die Blätter, entfernen Sie die Stiele. Lassen Sie die Blätter in einer großen Kasserolle in etwas Butter ziehen, und fügen Sie dann vier gewaschene, geschälte und in feine Scheiben geschnittene Kartoffeln hinzu. Gut mit Wasser bedecken und mit Salz, Pfeffer und Muskatnuß würzen. Eine halbe Stunde sanft kochen lassen.

Inzwischen mischen Sie in einem Schälchen den Inhalt eines Bechers Crème fraîche mit einem Eigelb, ziehen den Topf vom Feuer und geben die Mischung im letzten Moment zur Suppe.

Le gratin de morue de ma mère

Stockfischgratin meiner Mutter

Wässern Sie den Stockfisch gut, und erneuern Sie mehrmals das Wasser. Anschließend eine Viertelstunde im siedenden Wasser ziehen lassen. Entfernen Sie Haut und Gräten und zerpflücken Sie den Fisch. Hacken Sie zwei Zwiebeln, den weißen Teil von zwei Lauchstangen und zwei Knoblauchzehen sehr fein, bräunen Sie alles in Olivenöl in einer Gratinform goldgelb an. Verteilen Sie darauf die Stockfischstückchen und darüber eine Schicht gekochte Kartoffelscheiben. Obenauf kommt eine Schicht in dicke Scheiben geschnittene reife Tomaten. Schieben Sie die Form für eine Viertelstunde in den Backofen. Herausnehmen, mit geriebenem Gruyère bestreuen, mit Olivenöl beträufeln und noch einmal für etwa zwanzig Minuten in den Ofen schieben, bis der Käse gebräunt ist. Aus dem Ofen nehmen und fünf oder zehn Minuten warten, ehe Sie das Gratin auftragen.

Wein: Côtes du Rhône (rosé)

LE TIAN D'AUBERGINES CONFITES

Auberginengratin

Man braucht dazu je vier bis fünf etwa gleichgroße feste Auberginen, Tomaten und weiße Zwiebeln. Die Auberginen und Tomaten werden gewaschen, aber nicht geschält. Die Zwiebeln hingegen werden geschält, und alles wird in ungefähr 7 mm dicke Scheiben geschnitten. Nun reihen Sie in einer irdenen Gratinform senkrecht stehend und dicht aneinandergepreßt je eine Scheibe Aubergine, eine Scheibe Tomate und eine Zwiebelscheibe aneinander. Die ganze Form muß bis auf den letzen Platz ausgefüllt sein, die letzten Scheiben sollten hineingepreßt werden müssen. In die Zwischenräume stecken Sie zehn geschälte kleine Knoblauchzehen. Salzen, pfeffern, etwas Thymian und Majoran darüberstreuen und mit einem dünnen Strahl Olivenöl übergießen. Anschließend zwanzig Minuten bei mittlerer Hitze backen. Dann nehmen Sie die Form aus dem Ofen und pressen mit einem Schaumlöffel den Gemüsesaft heraus, indem Sie die Gemüsescheiben leicht zusammendrücken. Das muß vorsichtig geschehen, damit das Gemüse ganz bleibt. Der Saft sollte bis oben an das Gemüse reichen. Stellen Sie das Gratin erneut für vierzig Minuten in den Ofen. Wenn Sie wollen, bestreuen Sie es eine Viertelstunde vor Schluß mit geriebenem Käse, wodurch es besonders köstlich schmeckt.

LES AUBERGINES DE MADAME CHEYNET

Auberginen nach Madame Cheynet

Madame Cheynet war eine Freundin meiner Mutter. Sie war Wahl-Provenzalin und eine hinreißende Köchin, die, sehr zu unserer Begeisterung, ein traditionelles provenzalisches Rezept für Speckkartoffeln (S. 26) für Auberginen abgewandelt hatte. Hier ist es:

Man wählt möglichst kleine, pralle, nicht allzu längliche Auberginen. Sie werden gewaschen und ungeschält der Länge nach durchgeschnitten, aber nur so weit, daß beide Hälften wie bei einem belegten Brötchen noch aneinanderhängen. In jede Aubergine legt man eine dünne Scheibe Schinkenspeck und umwickelt sie mit Küchengarn. Man gibt etwas Erdnußöl in einen gußeisernen Topf und legt die Auberginen zusammen mit einer dicken gehackten Zwiebel und drei bis vier in Viertel geschnittenen reifen Tomaten hinein. Salzen und pfeffern Sie nur ganz vorsichtig (denken Sie an den gesalzenen Speck!).

Auberginengratin und kleine gefüllte Gemüse

Den Deckel wieder auflegen, und eine gute Stunde bei kleiner Flamme schmoren lassen. Zum Schluß ohne Deckel den Saft etwas einkochen. Diese Auberginen schmecken warm vorzüglich, aber auch am nächsten Tag kalt.

LE GRATIN DE COURGETTES

Zucchinigratin

Für ein Kilo Zucchini brauchen Sie 400 g weiße Zwiebeln. Säubern Sie die Zucchini und schneiden Sie sie ungeschält in Stücke. Die Zwiebeln schälen und hacken. Zucchinistücke und Zwiebel lassen Sie eine halbe Stunde in Salzwasser kochen und geben sie anschließend in ein Sieb. Zerdrücken Sie das Gemüse mit der Gabel und geben Sie es mit etwas Butter, ein oder zwei gehäuften EL Mehl zum Binden und zwei EL Crème fraîche in eine Gratinform. Zwei bis drei Minuten auf dem Herd durchziehen lassen, mit geriebenem Gruyère, der mit der Gabel etwas angedrückt wird, überstreuen und Semmelbrösel darüber geben. 15 Minuten bei mittlerer Hitze überbacken.

Dieses Gratin ist, anders als das Auberginengratin, kein komplettes Gericht, aber es ist eine ideale Beilage zu Gegrilltem oder Lammbraten.

LES PETITS FARCIS

Kleine gefüllte provenzalische Gemüse

Pro Person braucht man eine Tomate, eine Aubergine, eine Zucchini und eine grüne Paprikaschote. Wählen Sie schöne, nicht allzu große und eher runde Exemplare aus. Es gibt ja heutzutage neue Züchtungen von Zucchini und Auberginen, die genau hierfür geeignet sind. Waschen und trocknen Sie die Gemüse. Bei den Tomaten wird ein Deckel abgeschnitten und Saft und Kernchen mit einem Löffel ausgeschabt. Bei den Paprikaschoten werden die Deckel mit dem Stielende abgeschnitten und Samen und Zwischenwände entfernt. Bei den Auberginen ebenfalls das Stielende entfernen und sie dann mit einem Löffel in der Mitte gut aushöhlen. Achten Sie darauf, die Haut nicht zu durchstoßen, und stellen Sie das Fruchtfleisch beiseite. Das gleiche machen Sie mit den Zucchini.

Nun geht es an die Vorbereitung der verschiedenen Füllungen, denn jedes Gemüse bekommt eine eigene. Man muß dabei alle Zutaten getrennt zerkleinern und sie jeweils mit geriebenem Käse, Reis zum

Aufsaugen des Gemüsesafts und zwei ganzen Eiern zum Binden mischen.

Tomatenfüllung: Übriggebliebenes Rindfleisch (vom Schmortopf oder einem Pot-au-feu), zwei Knoblauchzehen, eine Zwiebel, eine geschälte, entkernte Tomate und das Zucchinifleisch hacken. Braten Sie in einer Pfanne in Olivenöl die Zwiebel an, fügen Sie nach und nach Knoblauch und das Fruchtfleisch, später das Fleisch hinzu. Vom Feuer ziehen und eine Tasse runden Camargue-Reis, zwei ganze Eier, eine Handvoll geriebenen Käse, eine Prise Zucker, Salz und Pfeffer hinzugeben.

Auberginen-Füllung: Braten Sie gehacktes Lammfleisch (Reste von der Keule oder der Schulter) zusammen mit zwei Knoblauchzehen und einer Zwiebel, dem Fleisch zweier Tomaten und dem Auberginenfleisch. Dünsten Sie erst die Zwiebel an, dann die Aubergine, den Knoblauch und die Tomate. Fügen Sie eine Handvoll Reis, eine Handvoll geriebenen Käse, eine Handvoll Pinienkerne, zwei ganze Eier, Salz und Pfeffer hinzu.

Paprikaschoten-Füllung: Hacken Sie eine Scheibe Schinken, das Fruchtfleisch einer roten Paprikaschote sowie einer Tomate, zwei Knoblauchzehen und eine Zwiebel. Dünsten Sie erst die Zwiebel, dann den Knoblauch und das Fruchtfleisch an. Fügen Sie den Schinken, je eine Handvoll Reis und geriebenen Käse, zwei Eier, Salz und Pfeffer hinzu.

Schließlich die Zucchini-Füllung: Dünsten Sie eine gehackte Zwiebel an. Geben Sie 150 g Frischkäse (zum Beispiel Brousse) dazu, je eine Handvoll Reis und geriebenen Käse, zwei Eier, gehackte Petersilie, Salz und Pfeffer.

Wein: Côtes du Rhône (rosé)

Füllen Sie das Gemüse mit der jeweiligen Farce. Setzen Sie es nebeneinander in eine große Gratinform. Mit Semmelbröseln bestreuen, mit Olivenöl beträufeln und bei schwacher Hitze mindestens zwei Stunden in den Ofen stellen. Das Gratin soll im eigenen Saft schmoren und eine schöne goldbraune Farbe haben. Nehmen Sie es mindestens zehn Minuten vor dem Auftragen aus dem Ofen.

Les pieds et paquets à la marseillaise

Kaldaunenpäckchen auf Marseiller Art

Besorgen Sie sich beim Metzger acht Lammfüße sowie ein gutes Pfund Kalbsgekröse. Reinigen Sie die Innereien sehr sorgfältig unter fließendem Wasser. Schneiden Sie das Gekröse in rechteckige Stücke von etwa zehn auf fünf Zentimeter. Rollen Sie in jedes ein Stück Schinken-speck ein und binden Sie die Päckchen mit einem Streifen Kalbsgekröse zusammen. Manchmal wird das Stück Schinkenspeck zusammen mit Knoblauch und Petersilie gehackt, aber meine Großmutter Athalie tat das nie. Ich gehe nach ihrem Rezept und finde es sehr köstlich so.

WEIN: Côtes du Rhône (rosé)

Schichten Sie in einen Schmortopf oder einen tiefen Topf aus glasiertem Ton sorgfältig die Lammfüße und die Kaldaunen-»Paketchen«, und geben Sie auf den Topfboden sowie zwischen jede Schicht: Karottenscheiben, geschälte, feingehackte Tomaten, Speckwürfelchen, kleine Zwiebelscheiben, Schalotten, feingeschnittene Selleriestangen, ein bis zwei zerstoßene Knoblauchzehen, Petersilie, Salz und Pfeffer, ein Glas Weißwein und nach Belieben zwei bis drei Nelken. Machen Sie aus Mehl und ganz wenig Wasser einen Teigrand, um den Topfdeckel hermetisch zu verschließen, falls dieser ein Abzugsloch besitzt. Stellen Sie den Topf sechs bis sieben Stunden bei ganz schwacher Hitze in den Ofen.

Dies war ein Sommerrezept, mit frischen Tomaten. Nun kommt noch ein Winterrezept für Kaldaunen-Päckchen, und Sie werden mir sagen, was Sie davon halten.

LES PIEDS ET PAQUETS SUCCULENTS

Saftige Kaldaunenpäckchen

Bereiten Sie die Kaldaunen wie im vorhergehenden Rezept vor. Das einzige, was anders ist, ist die Füllung für die Päckchen. Diesmal werden 100 g Speck und 100 g schöne frische Trüffeln gehackt und mit 50 g mageren rohen Schinkenwürfeln gemischt. In einem glasierten Tontopf dünsten Sie in Olivenöl je eine gewürfelte Zwiebel, Karotte und Selleriestange an. Legen Sie auf dieses Gemüsebett erst die Lammfüße und dann die Päckchen. Fügen Sie eine Tasse Tomaten-Coulis (Rezept S. 159), zwei Knoblauchzehen, zwei Nelken, etwas Thymian und zwei Lorbeerblätter hinzu, löschen Sie mit einem Glas Weißwein und zwei Glas Bouillon. Leicht salzen und pfeffern. Decken Sie den Topf zu, verschließen Sie ihn mit Teig, und lassen Sie alles bei sehr schwacher Hitze sechs bis sieben Stunden im Ofen garen.

WEIN:
Hermitage
(rot)

LES TOMATES À LA PROVENÇALE

Tomaten auf provenzalische Art

Für dieses ganz einfache und wirklich ganz ausgezeichnete Gericht braucht man rote, vollreife, aber noch feste Tomaten. Sie werden gewaschen, abgetropft und halbiert. Schaben Sie vorsichtig die Kernchen heraus. Die Hälfte der Tomaten werden mit der Schnittseite nach unten bei starker Hitze in etwas Olivenöl in der Pfanne gebraten. Nach einigen Minuten werden sie gewendet und auf der anderen Seite gebraten. Reduzieren Sie die Hitze, lassen Sie sie etwa zehn Minuten weiterbraten. Legen Sie sie anschließend dicht an dicht in eine leicht geölte Auflaufform. Salzen, pfeffern und leicht zuckern, um die Tomatensäure auszugleichen. Streuen Sie gehackten Knoblauch und Petersilie, sowie Semmelbrösel darüber.

Beträufeln Sie die Tomaten mit Olivenöl und schieben Sie sie in den Ofen. Lassen Sie sie bei geringer Hitze sehr langsam garen, damit die Liebesäpfel im eigenen Saft schmoren.

Le gratin de figues

Feigenauflauf

Im Comtat macht man am Ende des Sommers mit Feigen ein köstliches Dessert. Am besten eignen sich für dieses Rezept die kleinen Caromb-Feigen, aber jede andere vollreife, fleischige Herbstfeige eignet sich ebenso gut. Die Provenzalen verwenden das klassische Bratäpfel-Rezept für Feigen, aber dies ist vielleicht sogar noch besser.

In der Küche: Die Feigen werden gewaschen, bis auf das kleine Stück Stiel, das abgeschnitten wird, werden sie nicht geschält. Spalten Sie sie der Länge nach bis fast ans Ende, ohne sie auseinanderzuklappen. Legen Sie sie eng nebeneinander mit dem Spalt nach oben in eine Auflaufform. Übergießen Sie sie reichlich mit Birnen- oder Himbeergeist und setzen Sie auf jeden Spalt ein Stückchen Butter. Mit Zucker bestreuen und mindestens eineinhalb Stunden im schwach geheizten Ofen backen.

Etwas abkühlen lassen und lauwarm mit dicker Crème fraîche oder Crème Chantilly (Rezept S. 196) servieren.

Le gratin d'abricots

Aprikosenauflauf

Formen Sie in einer Schüssel mit den Fingern Streusel aus 100 g Mehl, 100 g gemahlenen Mandeln, 100 g Zucker, einer Prise Salz und 150 g Butter, und fügen Sie den Streuseln noch 100 g Pinienkerne und 100 g ganze geschälte Mandeln hinzu. Belegen Sie den Boden einer Auflaufform mit rohen, reifen, entsteinten Aprikosen. Verteilen Sie darüber gleichmäßig die Streusel, ohne sie plattzudrücken. Eine Stunde im Ofen bei mäßiger Hitze überbacken und lauwarm servieren.

Aprikosen- und Feigenauflauf

Das Gartenfest

Es ist heute ein Festtag im großen, rosafarbenen Haus. Gestern waren die Tanten mit den Kindern schon im Wäldchen und haben Buchsbaumzweige geholt, um lange, dunkelgrüne Girlanden zu winden. Und heute früh, kaum war der Morgentau verdunstet, wurden die langen Tische mit weißen Tischtüchern bedeckt und ringsherum mit den Girlanden umsäumt. Man richtet Gläser und Karaffen, man poliert das Silber; es werden Pyramiden aus roten Äpfeln und Muscat-Trauben als Tischdekoration gebaut, wobei die Äpfel einfach mit Hölzchen aufeinandergesteckt werden. Allenthalben ist man geschäftig, Blumen werden in Vasen geordnet und Eisbarren zerhackt, um später draußen im Wandbrunnen den Wein kühlstellen zu können; und all das passiert unter viel Gelächter und in schönstem Tohuwabohu. Es ist das Ende der großen Ferien – der Tag des alljährlichen Gartenfestes. Alle im Haus sind glücklich. Horden von Hunden und Kindern tollen durchs Treppenhaus. Im Salon, wo das Klavier steht, probt man noch einmal das kleine Stück, das heute nachmittag zur Aufführung kommen soll. Im Bügelraum legt man letzte Hand an die Kostüme an. Und in der Küche wird das Aïoli vorbereitet.

Der Wein wird im Brunnen gekühlt

LE GRAND AÏOLI

Das große Aïoli

WEIN: Côtes du Luberon (rosé)

Das Aïoli ist eine Sauce – und eine komplette Mahlzeit! Es ist eine sehr kräftige, sehr schmackhafte Sauce aus Knoblauch und Olivenöl, und gleichzeitig ist es eine einfache, sympathische Fastenspeise, eine Freitagsmahlzeit. Doch lassen Sie sich nicht täuschen – ein Aïoli ist das reinste Fest!

IN DER KÜCHE: Sie brauchen zunächst einige schöne dicke Stockfischfilets. Sie werden 24 Stunden gewässert, wobei mindestens viermal das Wasser gewechselt wird. Wenn dem Stockfisch genügend Salz entzogen ist, wird er etwa 20 Minuten in simmerndem Wasser pochiert. Er kann später warm oder kalt gereicht werden.

Nun wird das Gemüse vorbereitet. Dazu gehören: Pellkartoffeln, die in der Schale aufgetragen werden; ganze geschälte und gekochte Karotten; ein oder zwei kleine weiße Blumenkohlköpfe, die »al dente« pochiert werden; in der Schale gekochte Zucchini; rote Bete, die nach dem Kochen geschält wird; Lauchstangen; grüne Bohnen und Artischocken. Jede Gemüsesorte muß einzeln gekocht werden. Auch geschälte, hart gekochte Eier gehören dazu. Und schließlich Schnecken, und zwar die kleinen grauen; sie sollten drei Wochen gefastet haben, ehe sie mit Kräutern (Thymian und Lorbeer) zwanzig Minuten lang in Salzwasser pochiert werden.

Wichtig ist vor allem, daß die Sauce in einem großen Marmormörser mit dem Holzstößel zubereitet wird. Zerreiben Sie etwa zwanzig rohe geschälte Knoblauchzehen zu einer glatten Paste. Geben Sie zwei Eigelb dazu (stellen Sie sicherheitshalber sowohl Eier als auch Olivenöl am Vorabend in den gleichen Schrank, damit sie gleich temperiert sind, das macht die Sache leichter).

Danach wird der Stößel gegen einen Schneebesen vertauscht und das Ganze wie eine Mayonnaise aufgeschlagen, wobei man anfangs tropfenweise, dann aber etwas schneller Olivenöl zugibt. Noch etwas Salz – das ist alles.

Dies ist in der Tat ein kräftiges, nicht eben leichtes Gericht, zu dem bestens ein Rotwein paßt. Es ist das sommerliche Festessen par excellence, und im Grunde wäre es auch schon genug für ein Fest. Aber da könnte so manch ein Feinschmecker, so manch ein Knauser, so manch ein Empfindlicher beleidigt sein.

Um ihnen also einen Gefallen zu tun, wurden noch andere Speisen vorbereitet, leichtere, vernünftigere und doch ebenso köstliche.

Les petites tourtes au vert

Blätterteigtaschen mit frischem Grün

Dieses Gericht beginnt notwendigerweise mit einem Spaziergang. Das »Grün« besteht nämlich aus Wildkräutern. Selbstverständlich kann man diese Blätterteigtaschen auch nur mit Spinat oder Mangoldblättern vom Markt machen; aber sie schmecken sehr viel besser, wenn Wildkräuter hinzugefügt werden, wie die Rucola,

ein paar junge Brennesselblätter, einige zarte Löwenzahnblättchen vom Wegesrand und etwas wilder Lauch, der in den Weinbergen zu finden ist. Zurück in der Küche, werden die Kräuter und der Spinat verlesen und gewaschen. Sie werden sorgfältig abgetropft und grob gehackt. Die ideale Mischung besteht halb aus Spinat und halb Wildkräutern. Sie können noch einen kleinen Salatkopf dazutun, auch ein paar Kräuter aus dem Garten, aber gehen Sie zurückhaltend damit um.

Dünsten Sie das gehackte Grünzeug in einer großen Pfanne in Olivenöl bei schwacher Hitze an, bis die angesammelte Flüssigkeit eingekocht ist. Salzen und vor allem gut pfeffern. Danach abkühlen lassen.

Inzwischen bereiten Sie einen Blätterteig aus 500 g Mehl, 250 g Butter, etwas Salz und etwas kaltem Wasser. (Das ergibt einen recht rustikalen Blätterteig, aber je mehr Butter man nimmt, desto feiner ist er.) Der Teig sollte viermal zusammengefaltet und wieder ausgerollt werden, zuletzt auf 1 cm Dicke.

Schneiden Sie Rechtecke von etwa zehn auf sechs Zentimeter aus. Geben Sie auf die eine Hälfte der Rechtecke jeweils ein Häufchen Kräuter, legen Sie die restlichen Rechtecke darüber und drücken dann die Ränder mit etwas Wasser aufeinander. Machen Sie zur Dekoration in die Teigtaschen mit der Messerspitze einige kleine Einschnitte, etwa in Form von Blattadern. Bepinseln Sie sie noch mit etwas Eigelb und backen Sie sie bei starker Hitze. Wie immer bei Blätterteig schmecken diese gefüllten Taschen warm am besten.

LES AUBERGINES À LA PROVENÇALE OU À LA BOHÉMIENNE

Auberginen auf provenzalische Art oder à la bohémienne

In beiden Fällen handelt es sich hier um ein kaltes Gericht mit fritierten Auberginen, die mit einem guten eingedickten, aromatisierten Tomaten-Coulis gereicht werden. Werden die Auberginen der Länge nach in Scheiben geschnitten, nennt sich das Gericht »à la provençale«, werden sie aber gewürfelt, nennt es sich »à la bohémienne«, auf Zigeuner-Art.

IN DER KÜCHE: Zunächst bereiten wir ein Tomaten-Coulis. Nehmen Sie dazu vollreife, rote Tomaten, die gewaschen und geviertelt werden. In etwas Olivenöl mit Salz, etwas Zucker, einem Kräutersträußchen und zwei Knoblauchzehen auf kleiner Flamme so lange andünsten, bis die Flüssigkeit etwas eingekocht und die Sauce schön sämig ist. Abkühlen lassen. Wenn

Sie sie gerne gleichmäßig glatt haben wollen, passieren Sie die Tomaten durch ein Sieb.

Nun zu den Auberginen: Sie sollten gewaschen, getrocknet, aber nicht geschält werden. Schneiden Sie sie entweder längs in etwa 7 mm dicke Scheiben, oder in etwa 1 cm große Würfel.

Bleibt genügend Zeit, kann man die Auberginenstücke mit grobem Salz bestreut etwa drei Stunden Wasser ziehen lassen. Es wird ihnen dabei viel Flüssigkeit entzogen, so daß sie beim Fritieren weniger Fett aufnehmen. Läßt man sie Wasser ziehen, müssen sie hinterher wie ein Schwamm ausgedrückt werden. Haben Sie keine Angst, daß sie zu salzig werden.

Anschließend werden sie in der Pfanne in Olivenöl fritiert. Sobald sie schön hellbraun sind, lassen Sie sie auf Küchenpapier in einer schrägwandigen Schüssel abtropfen. Danach legen Sie die Auberginenstücke kranzförmig in eine tiefe Platte, gießen das Tomaten-Coulis in die Mitte, und schon haben Sie die Auberginen »à la provençale«. Oder Sie mischen die fritierten Auberginenwürfel mit wenig von dem Tomaten-Coulis – schon sind sie »à la bohémienne«.

Tabbouleh à l'orange und Auberginen à la bohémienne

LA RATATOUILLE

Ratatouille

Wie die Auberginen »à la provençale« oder »à la bohémienne« kann auch die Ratatouille kalt als Vorspeise serviert werden. Heiß aber ist sie eine köstliche Beilage zu gegrilltem Lamm oder zu einem Kaninchen in Senfsauce.

Zunächst bereiten wir die Gemüse vor: Vier schöne Auberginen und vier Zucchini waschen, trocknen, den Stengelansatz entfernen, jedoch nicht schälen. In 1 cm große Würfel schneiden. Desgleichen zwei rote Paprikaschoten waschen, trocknen, den Stengelansatz, die weißen Samenkörnchen und Zwischenwände entfernen und klein schneiden. Fünf schöne Tomaten in einem Topf mit kochendem Wasser einige Minuten ziehen lassen, um sie leichter schälen zu können. Die Kernchen entfernen und kleinwürfeln. Fünf weiße Zwiebeln schälen und grob zerkleinern. Dazu kommen etwa 10 ungeschälte Knoblauchzehen.

Dünsten Sie zunächst in einem gußeisernen Topf bei schwacher Hitze die Zwiebeln hellbraun an, fügen Sie dann die rote Paprika und die Auberginen hinzu und bräunen Sie sie etwas an. Geben Sie nun nach und nach die Zucchini, Tomaten, Knoblauchzehen, ein Lorbeerblatt, einen kleinen Thymianzweig, Salz und Pfeffer sowie einen TL Zucker hinzu. Gut mischen und das Feuer etwas höher stellen, damit alles zum Kochen kommt.

Danach die Temperatur wieder absenken, den Topf zudecken und die Ratatouille etwa eine Stunde lang sanft kochen lassen. Anschließend lassen Sie die Flüssigkeit eine Stunde lang allmählich etwas einkochen.

Kurz bevor Sie das Feuer ausmachen, geben Sie noch eine feingehackte Knoblauchzehe hinein. Meine Großmutter Athalie nannte dies »eine Prise Knoblauch loslassen«. Gut vermengen.

Le gâteau d'omelettes

Omelett-Torte

Wein: Côtes du Luberon (rosé)

Die Omelett-Torte wird kalt und in Stücke geschnitten aufgetragen, damit man ihre schönen Farben sieht. Wenn Sie viele Gäste bei Tisch sind, rate ich Ihnen, lieber mehrere kleine Omelett-Torten als eine große zu machen.

Schichten Sie in eine runde gebutterte feuerfeste Glasform fünf saftige Omeletts flach übereinander, die gebackene Seite nach unten. Sie brauchen zum Backen eine kleine Eisenpfanne, die den gleichen Durchmesser wie die Form haben muß. Beginnen Sie mit einem Frühlingszwiebel-Omelett: Dünsten Sie das fein gehackte Gemüse in etwas Olivenöl langsam hellbraun, heben Sie es aus der Pfanne, lassen Sie das Öl abtropfen, und geben Sie es mit Salz und Pfeffer zu sechs leicht verquirlten Eiern – einigemal mit der Gabel klopfen genügt. Erhitzen Sie in der Pfanne zwei EL Olivenöl, gießen Sie die Eimasse in die Mitte und schieben Sie sie langsam und vorsichtig mit dem Holzlöffel zurecht. Am Anfang muß die Pfanne heiß sein, dann aber soll die Eimasse bei schwacher Hitze nur gut stocken; das Omelett darf nicht braun werden, sondern soll saftig bleiben. Ist es fertig, kommt es zuunterst in die Glasform.

Jetzt backen Sie ein Spinat-Omelett: mit einer großen Handvoll gewaschenem, grobgehacktem und in Olivenöl angeschmelztem Spinat, Salz und Pfeffer und wiederum sechs Eiern. Auch dieses kommt in die Form.

Danach folgt ein Knoblauch-Omelett: wieder mit sechs Eiern, die Sie diesmal

Omelett-Torte

Das Gartenfest im Château de l'Ange in Lumières (folgende Doppelseite)

mit einer großen feingehackten Knoblauchzehe, Salz und etwas Pfeffer würzen. In die Form schichten.

Im Anschluß daran bereiten Sie ein Tomaten-Omelett zu: Mischen Sie zur Abwechslung zwei reichliche Eßlöffel gut konzentriertes, mit Zwiebeln, Knoblauch und Thymian gewürztes Tomaten-Coulis unter die sechs Eier.

Zu guter Letzt backen Sie ein Omelette-aux-fines-herbes mit Petersilie und Schnittlauch.

Stellen Sie die geschichtete Torte in einem Wasserbad für zwanzig Minuten in den Ofen. Danach aus der Form stürzen und abkühlen lassen.

Die Torte läßt sich übrigens problemlos bereits am Vortag vorbereiten.

Le taboulé à l'orange de Bernard

Tabbouleh à l'orange

Mein Freund Bernard ist ein Provenzale aus Algier. Aber Afrika, der Orient und die Provence unterhalten ja seit uralten Zeiten innigste Beziehungen. Im Grunde genommen kamen täglich die »Heiligen Drei Könige« aus dem Morgenland im Hafen von Marseille an, und ihre Kaftane, Turbane und Gewürze waren für die Marseiller nichts Außergewöhnliches, waren sie doch häufig die ersten in ganz Frankreich, die die geheimnisvollen und wohlriechenden Produkte entdeckten, die an Bord der Handelsschiffe aus Afrika oder von der Levante herüberkamen. Noch heute findet man auf den Märkten der Provence Zimt und Ingwer, Koriander und Kurkuma, getrocknete Früchte und in Salz eingelegte Zitronen aus Marokko, und ihr Duft mischt sich ganz natürlich in den des Basilikums und Majorans.

Mein Freund Bernard kann im übrigen, wenn er will, ein wunderbarer Koch sein, der mit einer ganz eigenen boshaften Lust die Aromen und Düfte der mythischen Stadt seiner Kindheit abwandelt. Ihm ist dieses köstliche, erfrischende Tabbouleh à l'orange zu verdanken, das sich so ideal für ein sommerliches kaltes Büffet eignet.

In der Küche: Bereits am Vortag muß man damit anfangen, mit einem scharfen kleinen Messer die Schale von vier schönen, ungespritzten Orangen hauchdünn zu schälen, ohne dabei an die weiße Haut zu kommen. Die Schale in feinste kleine Streifen schneiden.

Schütten Sie in eine große Schüssel 1 kg Couscous, das weder zu grob- noch zu feinkörnig ist, und geben den Saft von 10 Orangen und 4 Zitronen darüber. Fügen Sie die feingeschnittene Orangenschale und 200 g helle, gut gewaschene Rosinen hinzu.

Gut durchmischen, mit Alufolie bedecken und über Nacht durchziehen lassen.

Am nächsten Tag lockern Sie die Couscouskügelchen mit den Fingern auf. Hacken Sie mit dem Messer ein Sträußchen glatte Petersilie und ebenso viel Minzeblättchen (machen Sie dies keinesfalls mit dem elektrischen Pürierstab, es ergäbe ein häßliches braunes Mus, das Ihr Tabbouleh heillos verdirbt. Schneiden Sie das Fleisch einiger schöner, reifer Tomaten und zweier Gurken in kleine Würfel und mischen Sie alles mit dem Grieß und den Kräutern. Salz und Pfeffer sowie so viel Olivenöl wie nötig dazugeben und noch einmal durchmischen.

Stellen Sie dieses Tabbouleh noch ein oder zwei Stunden vor dem Servieren kühl.

LA SALADE JOSEPHINE

Salat Joséphine

WEIN: Condrieu

Noch ein exotischer Salat, der den Namen jener Kaiserin trägt, die einst von den Karibischen Inseln zu uns herüberkam! Er ist denkbar einfach und köstlich: Eine Handvoll Sultaninen, die einige Stunden im Saft von zwei Zitronen gequollen sind, kaltes, in Stücke geschnittenes Brathähnchenfleisch, ein in kleine Würfel geschnittener kalter Schweinebraten, eine frische, in feine Streifen geschnittene Kokosnuß, das zerkleinerte Fleisch einer Grapefruit, Curry, Salz und ein guter Schuß Olivenöl werden gut durchgemischt. Vor dem Servieren mindestens zwei Stunden kühl stellen und durchziehen lassen.

Curry und Condrieu: eine vollkommene Verbindung

Le poulet jaune soleil de Mimosa Pastaga

Sonnengelbes Hähnchen nach Mimosa Pastaga

Mimosa Pastaga zu erleben, heißt der Sonne zu begegnen. Ihr fröhlich strahlender Blick, ihr helles Lachen, die Großzügigkeit ihrer Küche und die Freude ihrer stets zahlreichen Freunde bei Tisch bezeugen es.

In der Küche: Bereiten Sie am Vortag eine Marinade aus einem Glas Olivenöl, einem EL mildem Paprika, einem EL Kurkuma, Salz und Pfeffer. Lösen Sie das Fleisch von zwei schönen gebratenen Hähnchen ab, und legen Sie es über Nacht in die Marinade. Am nächsten Tag braten Sie das Hühnerfleisch in der Pfanne mit dem Öl der Marinade, bis es schön goldbraun ist, und stellen es dann beiseite. In der gleichen Pfanne vier kleingehackte Zwiebeln anbräunen, sechs zerdrückte Knoblauchzehen und vier schöne, vollreife Tomaten, entkernt und in Stücken, hineingeben. Fügen Sie frischen Ingwer hinzu, und lassen Sie alles etwa zehn Minuten auf kleiner Flamme köcheln. Geben Sie nun das Hühnerfleisch wieder hinein, und übergießen Sie es mit dem Saft zweier Zitronen. Noch etwa zwanzig Minuten auf niedriger Hitze kochen lassen und einige zerkleinerte schwarze und grüne Oliven hineingeben. Nur so lange auf dem Feuer lassen, bis die Oliven erhitzt sind.

Wein: Condrieu

Richten Sie alles auf einer großen Platte an, die sie mit Vierteln von in Salz eingelegten Zitronen garnieren. Heute kann man diese Zitronen problemlos bei den Olivenhändlern auf unseren Märkten in der Provence finden.

Le tian de lait

Milchpudding

Dies ist die Art, wie man bei uns hier Pudding macht: Bringen Sie einen Liter Milch mit zwanzig Stückchen Würfelzucker zum Kochen und lassen Sie ihn dann abkühlen. Schlagen Sie je nach Größe sechs oder sieben Eier mit zwei reichlichen EL Rum schaumig. Mischen Sie die Eier unter die lauwarme Milch und schütten Sie alles in eine Auflauf- oder Keramikform. Lassen Sie die Masse eine halbe Stunde im mäßig warmen Ofen stocken.

Sie können auch vorher den Boden der Form mit einem schönen goldbraunen Karamel überziehen. Er muß erst festwerden und abkühlen, ehe Sie die Ei-Milch-Mischung hineingeben. In diesem Fall lassen Sie den Rum weg. Tragen Sie den Pudding warm oder kalt in der Form auf.

Das sonnengelbe Hähnchen nach Mimosa Pastaga

LES PETITS CHOUX À LA CHANTILLY

Kleine Windbeutel mit Schlagsahne

Als ich ein Kind war, gehörte es zum Sonntagmorgen-Ritual, beim Bäcker kleine Windbeutel und dazu im Milchladen ganz frisch geschlagene Schlagsahne zu kaufen. »La crème Chantilly«, sagen wir dazu – man spricht es »schantili« aus. Sie wurde erst bei Bestellung geschlagen, und nur am Sonntagmorgen, in einer gewaltigen, lärmenden Maschine, in der sich zwei große Schlagbesen drehten. Aber welch himmlische Köstlichkeit – und welch ein Unterschied zu diesen abscheulichen Schlagrahm-Spraydosen! Wenn Sie in der Provence sind und Ihr Bäcker am Sonntag diese kleinen Windbeutel macht, die auch »Bijoux de Nice« genannt werden, und wenn Ihr Milchmann zufällig noch gute echte »Crème chantilly« schlägt …, dann brauchen Sie mein Rezept nicht und haben dennoch das Vergnügen, Ihre Windbeutel mit Sahne zu füllen. Das nämlich durfte früher immer ich machen, und noch heute lecke ich mir beim Gedanken daran genüßlich die Lippen …

IN DER KÜCHE: Bringen Sie in einem Topf einen halben Liter Wasser mit 200 g Butter, 15 g Salz und 30 g Zucker zum Kochen und schütten Sie in einem Schwung 400 g Mehl dazu. Den Topf vom Feuer ziehen und mit dem flachen Holzlöffel kräftig rühren, bis sich der Teig von der Topfwand löst. Abkühlen lassen und nach und nach 12 Eier darunterziehen. Setzen Sie mit dem Spritzbeutel oder auf ein gebuttertes Blech kleine Teighäufchen und backen Sie diese etwa eine halbe Stunde bei mittlerer Hitze im Ofen.

Kaum aus dem Ofen und noch heiß, werden sie mit Puderzuckerglasur bestrichen. Abkühlen lassen und kurz vor dem Auftragen mit Crème Chantilly füllen – entweder mit dem Spritzbeutel oder durch einen kleinen Einschnitt. Damit Ihnen die Crème Chantilly perfekt gelingt, besorgen Sie sich 250 g Schlagrahm und 250 g Crème double (40%), natürlich frisch und nicht sterilisiert. Kühlen Sie sie einige Stunden im Kühlschrank. Mischen Sie beides in einer Schüssel, und schlagen Sie mit dem Schneebesen oder dem elektrischen Rührbesen so lange, bis die Sahne fest und schaumig ist. Passen Sie aber auf, daß Sie nicht zu lange schlagen, sonst wird daraus Butter. Ziehen Sie 50 g Zucker und ein Tütchen Vanillezucker unter.

Wenn die Farben des Weins in der Sonne schimmern …

Verzeichnis der Rezepte

Danksagung

Während eines Essens in meinem Haus, in der Küche mit den Grillen, haben mich Jean-Pierre und Christine Deméry eines Tages überredet, dieses Buch zu schreiben. Heute ist es an mir, ihnen für diese ausgezeichnete Idee zu danken.

Bei meiner Großmutter, meiner Mutter, meiner Tante Elisabeth, bei Mamie Rosette und Madame Cheynet wie auch bei meiner Cousine Jeanne und meiner Patentante Louise bin ich in die Lehre gegangen; sie alle möchte ich zärtlich umarmen. Von meinem Vater jedoch, dem Jäger und Angler, der die Forellen mit der Fliege fing, dem Liebhaber des Weins und der guten Küche, dem brillanten Erzähler kulinarischer Geschichten, die uns das Wasser im Munde zusammenlaufen ließen, von ihm habe ich die feine Zunge geerbt, diese Leidenschaft für das gute Essen; ohne sie wäre dieses Buch wohl nie geschrieben worden.

Meine Freunde Edith Mézard, Elisabeth Bourgeois, Martine Albertin, Lydie Laurent und Françoise Quinta, Monique und Jean-Claude Duveau, Annie Laurent, Véronique Lopez, Bruno Vaïarelli, Jo Guesde, Bernard Paul, Gérard Drouillet, »Reine« Jeanne, Eliane Jouve, Thierry Guien und Anne Sportiello, Hélène Feraud und Simone Rossi, Jérôme Couturier und Françoise de la Brosse, Thérèse Pavan sowie Françoise und Lionel Guin, sie alle haben mich häufig vor und während der Vorbereitung dieses Buches an ihrer Tafel bewirtet und mich dadurch inspiriert und begeistert. Ich danke ihnen dafür.

Meine Freunde, Ted und Lillian Williams, Jacques Grange, Géraud und Stéphanette de Sabran, Henri und Annie Laurent, Jean Baptiste und Nicole Juge, Jean und Hélène Féraud, Michel und Edith Mézard, Bruno Carles, Gérard Drouillet und Denis Savon waren so freundlich, mir ihre bezaubernden Anwesen für die Fotos in diesem Buch zur Verfügung zu stellen. Es ist schier unglaublich, welche Flutwelle über ein Haus hereinzubrechen scheint, wenn sich eine Horde von Fotografen und Stylisten dort zu schaffen macht: Da verschwinden plötzlich Möbel, die sich im Hausflur aufeinandergetürmt wiederfinden, Fenster werden mit dunklen Tüchern verhängt, andere mit Silberreflektoren bestückt, der Boden ist übersät mit zerknülltem Papier; häufig, wenn gerade ein Mittagessen in der Sonne inszeniert werden soll, machen die Naturelemente einen Strich durch die Rechnung, der Himmel verdunkelt sich, und man muß zu Spots und Projektoren greifen, mit all dem fröhlichen Kabelsalat. Und mitten in diesem Wirrwarr, in dem vom meisterlichen Blick Bernard Touillons bestimmten Rahmen, fügt sich das Bild zusammen, ein Bild, das der Laie in diesem Moment noch schwerlich erfaßt. Ich danke allen für ihre Geduld und ihr Vertrauen, und ich hoffe, daß Bernards wunderschöne Fotografien sie inzwischen völlig überzeugt haben.

Und wie sollte ich nicht Ariane und Gérard Blanc danken, denen ich so lange ihr schönes Geschirr vorenthalten habe, ebenso wie Bernard Paul und Bruno Carles von der Espace Béchard sowie Maria Giancatarina und Jean-Claude Clément vom Quai de la Gare in Isle-sur-Sorgue, die mir freundlicherweise diverse Objekte aus ihren Sammlungen zur Verfügung gestellt haben; nicht zuletzt danke ich meiner lieben Edith Mézard, die so oft in letzter Minute die Tischwäsche in diesem Buch bestickt, genäht und gebügelt hat.

Mein Dank gilt auch Philippe Baique, dem Kellermeister des »Mas de Tourteron« in Gordes, der mich sachkundig bei der Auswahl der Weine beraten hat.

Keinesfalls möchte ich Francette Drin vergessen, die mit aufmerksamen und wohlwollenden Ratschlägen nicht gespart hat und damit viel zur Verständlichkeit des Buches beigetragen hat.

Und nicht zuletzt verdankt dieses Buch seine jetzige Gestalt der Erfahrung und kundigen Betreuung von Ghislaine Bavoillot, Marc Walter und Florence Picard.